JN096502

Barre Lesson

あなたの「できない」を
解消する!

バーレッスン
ハンドブック

バレエダンサーさんの治療院 主宰
専心良治 院長
島田智史

東洋出版

はじめに

バレエの呼吸法＋体のつながりのコツをつかんで、バーレッスンと向きあうと、動きのクオリティが上がる！

　私は、日々、東洋医学の見地から、バレエ上達につながる体の整え方を研究しています。1冊目の『バレエ整体ハンドブック』では、バレエ教室での先生からのアドバイスに対応した体の整え方、2冊目の『バレエ筋肉ハンドブック』では、解剖学の知識を盛り込んで、筋肉を効率よく働かせて踊れる体にするコツをお伝えさせていただきました。

　3冊目となる本作では、最もコスパが高い体のチューニング法を厳選してお伝えするとともに、バレエ上達の基本であるバーレッスンの動きにフォーカスしています。

バーレッスンに整体の視点を取り入れて悩みを解決

　クラシックバレエのレッスンでは、**バーレッスンといって、踊るために体を整えるレッスン**が必ずあります。

　踊るときに必要な筋肉の使い方をプログラムしたり、踊りやすいように筋肉や関節の位置をそろえる役目を果たしていますが、流れだけで体作りに活かせてない人も多いです。

　とくに、大人になってからバレエを始めた人は、バレエ特有の体の使い方がインストールされていないため、なかなか自分の体のクセが抜けないこともあります。

　そのせいもあってか、「ずっと同じところを注意される」「いつまでたっても脚が高く上がるようにならない」など、悩みを抱え続けたままでレッスンをしている人も多いようです。そのため、場合によっては、体を傷めたりしてしまうこともあります。

　気持ちはセンターでキレイな踊りやポーズをしたいと思うでしょう。でもそのためには、バーレッスンでの体づくりが必要不可欠なんですね。

　バーが正しくできなければ、センターでそれ以上のことはできません。バーレッスンで習う動き、先生にアドバイスされる動かし方にはすべて意味があるので、そこを組み合わせることで可動域が広がり、センターでのパフォーマンスも上がるからです。

　以上から、本書では「**バーレッスンの一つひとつの動きがどういう意味**

をもって、どのような体の動かし方のために存在しているのか」。そして「できないところがある場合は、どうしたら解決できるのか」、そのコツを整体の視点も取り入れて解説しました。

レッスン中、「吸って〜」で空気が入らない人は要注意

ただ、いきなりバーレッスンのコツをお伝えしたところで、そううまくできないという方が大半だと思います。

そのために、ぜひレッスンの前にバレエの呼吸の仕方を応用したセルフチューニングでバレエ仕様に体を整えましょう！

呼吸というのは、人間にとって一番簡単にインナーマッスルにスイッチを入れる方法です。

ただ、バレエで求められる呼吸というのは、一般的な腹式呼吸とは違います。お腹を膨らますときに、あばらが開いてしまうと、背中が引き上げられないからです。

レッスン中、先生の「吸って〜」で少ししか空気が入らない人、肋骨が広がって肩が上がる人、お腹がぽっこり出てしまう人は、もしかしたら、呼吸で使いたい部分がうまく使えてないのかもしれません。

バレエを始めとした踊り全般にいえますが、**お腹をうすっぺらくしたまま、深く息を吸い、踊りに耐えうる呼吸量を確保する**必要があります。

でも、頭で「そうしなきゃ」と意識しても、すんなりできるものでもないですよね？

そこで、本書では**「バレエの呼吸法を取り入れた簡単なワーク」**をお伝えします。踊るときに呼吸が楽にでき、引き上げや体幹も使える体に整うチューニング法です。このチューニングをしておくことで、バーレッスンも、その後のセンターレッスンも、クオリティが上がるでしょう。

さらにプラスアルファとして、「体のつながり」を目覚めさせるワークをご用意しています。バレエは一度に意識するところが多いため、「あっちも、こっちも意識できない！」となりがちですが、「体のつながり」のポイントを知っておくと、意識するべきポイントが減らせます。そのぶん、楽しく踊ることにフォーカスできるようになるでしょう。

この一冊がみなさんがバレエをと向きあうための助けになりましたら幸いです。

バレエダンサーさんのための治療院 主宰
専心良治 院長 島田智史

本書の構成

前編 バレエ上達の近道
「呼吸」と「体のつながり」
セルフチューニングで踊れる体に整える

ここでは、レッスン前に行ってほしいセルフチューニングを10個お伝えします。主に、体を固めずに使えるようになるチューニング法をご用意しています。できるだけ、BASIC１〜３の呼吸を使ったワークを行っておくとよいでしょう。

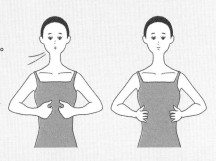

後編 「できない」を解消！
「呼吸」と「体のつながり」を
意識したバーレッスンのコツ

後半では、整体的な観点を盛り込んで、バーレッスンのコツをご紹介しています。巻末にある、悩み別のバーレッスン対応表もぜひご活用ください。

＊本書では、足首からつま先の部分を「足」、足首から骨盤までを「脚」と区別しています。
＊本書で使用した、バレエ用語や呼称、解説等は、バレエ教室やスタジオで一般的に使われているものですが、呼称や解釈、表現は一例です。また、各動きはすべて一例です。メソッドや教室、指導者により異なる場合があります。

前編

バレエ上達の近道

「呼吸」と「体のつながり」 セルフチューニングで 踊れる体に整える

後編

「できない」を解消！
「呼吸」と「体のつながり」を意識した
バーレッスンのコツ

▶ 購入者
特典動画は
コチラ！

前編

\ バレエ上達の近道 /

「呼吸」と「体のつながり」 セルフチューニングで 踊れる体に整える

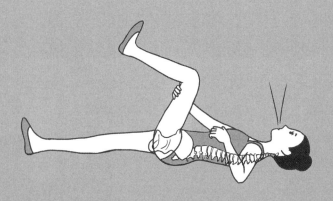

前編では、以下の表のようにセルフチューニングを構成しています。

　合間に解説を挟んでいますので、一度通しで読んでいただくことをお勧めします。

　足先から頭のてっぺんまで全身を整えて動きやすくするには、レッスン前にすべて行うことが理想ですが、時間がないときは基本のBASIC 1, 2, 3を中心に、バレエの呼吸を使って、インナーマッスルにスイッチを入れるワークがお勧めです。さらに、「整える主な箇所」から苦手な部分を選んでプラスして行うとよいでしょう。

　体を育てる目的の連動のワーク（9, 10）は、続けると全身がつながっている意識を目覚めさせてくれるので、踊りの表現を習得するセンターレッスンにもとても役立ちます。

ページ	セルフチューニング		ポイント	整える主な箇所
P10〜15	1, 2, 3 (BASIC)	基本	呼吸	全身・引き上げ
P26〜27	4	基本	呼吸	ターンアウト
P28〜31	5	基本	呼吸	アームス＋肩周り
P32〜37	6, 7	基本	足指の連動	足
P42〜44	8	体を育てる	呼吸	ひざ裏・脚
P45〜49	9	体を育てる	背面の連動	背面全部
P50〜57	10	体を育てる	手指の連動	体幹

● セルフチューニングの回数について

今回ご紹介しているチューニングは、とくに記載のないものは、基本、左右各1回行いましょう。

一度行ってみて左右差を感じたり、動かしにくいところがあったら、体の調子に合わせて繰り返してみてください。

一度で効果をかんじられなくても、レッスン前を中心に、何度か続けて行うことで効果が望めます。

BASIC 1
\ 呼吸力UP /
横隔膜ストレッチ

レッスン前
必ず
やろう！

　難しい動き、苦手な動きになるほど呼吸は浅くなり、そのぶん体は硬くなって動けなります。さまざまなポーズで柔軟性をアップする「横隔膜ストレッチ」を習慣にすることで、呼吸力がアップすると踊りやすい体になっていきます。

BASIC1〜3用チェック
＊□にチェックが入る人向けです

●生活習慣・ゆがみ
□ デスクワーク、座る時間が
　 7時間以上
□ 柔軟性がない・体が硬い
□ 猫背・背中が丸くなりがち

●症状系
□ 体幹が弱い
□ 肩こり・腰痛もち

●踊りの問題
□ 脚が上がらない
□ 引き上げができない
□ 脚を後ろに上げると腰がつまる

1 腕を前に出してねじってから肋骨をつかむ

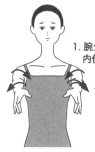

1. 腕全体を
　 内側に

2. 肘から
　 下を外側に

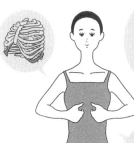

肋骨にひっかけた手の甲は下。肘は横に張る。お腹にあるコアマッスル（横隔膜や腹横筋）にアプローチできる

呼吸が浅い人は、指がひっかかりにくいかも。その場合、肋骨に触れているだけでOK。呼吸が深くなってくると、ひっかけやすくなる

二の腕を内側に向けて、小指から外側にねじり返したあと、肋骨に指をひっかけます。体幹が安定します。

2 息を強く吐く

息を吐くと腹筋が使われ
て、あばらが閉じてくる
のがわかるはずです。
一息だとうまく息を吐け
ない場合は、3段階に分
けるとお腹を凹ませて息
を吐きやすくなります。

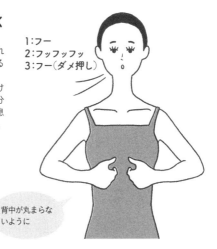

1：フー
2：フッフッフッ
3：フー（ダメ押し）

背中が丸まらな
いように

3 手のひらで肋骨を押さえて、
鼻から息を吸う

次に、閉じた肋骨が広がらない
ように、手のひらで押さえてキ
ープしながら、鼻から息を吸い
ます。十分息を吸ったなと思う
ところからもう1段吸うことで、
肋骨越しに背中がストレッチさ
れます。
最初は肋骨が持ち上がるときに
肩が持ち上がるのが気になると
思いますが、それは呼吸筋が動
かない分を肩甲骨を持ち上げる
筋肉がサポートしているから。
繰り返していくうちに、横隔膜
や肋間筋などの呼吸筋が動くよ
うになり、肩を持ち上げずに息
を深く吸えるようになります。

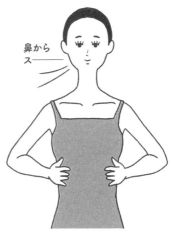

鼻から
ス————

BASIC 2
ねじり横隔膜ストレッチ

レッスン前
必ず
やろう！

　Basic 1 のやり方をベースにして、いろいろな体勢で行っていきます。

　それぞれの体勢ごとに深い呼吸ができることで、踊りのなかでポーズのキープ力が上がったり、可動域が増えます。

　Basic 2 は、ねじった体勢での横隔膜ストレッチです。ねじりを加えることで、体を回転させる動き、股関節を回す量、床を押す力がアップします。

1 肘で体幹を支えて上体をねじる

足を肩幅よりも開いて立った状態から「手を上げろ」のポーズで両手を肩の高さに上げて、肘の角度は90度を保ちます。

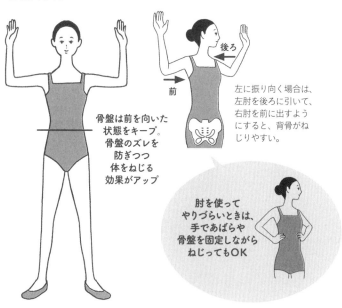

骨盤は前を向いた
状態をキープ。
骨盤のズレを
防ぎつつ
体をねじる
効果がアップ

後ろ

前

左に振り向く場合は、
左肘を後ろに引いて、
右肘を前に出すよう
にすると、背骨がね
じりやすい。

肘を使って
やりづらいときは、
手であばらや
骨盤を固定しながら
ねじってもOK

12

2 腕を前に出してねじってから肋骨をつかむ

二の腕を内側に向けて、小指から外側にねじり返した
あと、肋骨に指をひっかけます。体幹が安定します。

＊上体はねじった状態のまま腕をねじってください

1. 腕全体を
   内側に

2. 肘から
   下を外側に

骨盤は前を向いた
状態をキープ

肋骨にひっかけた手
の甲は下。肘は横に
張る。お腹にあるコ
アマッスル（横隔膜
や腹横筋）にアプロ
ーチできる

3 肋骨をつかみながら、息を強く吐く

口からフ——

背中が丸まら
ないように

呼吸が苦手な方は「フーッ」と
音を立てながらやるとよいです。

4 手のひらで肋骨を押さえて、鼻から息を吸う

鼻からス——

腹筋の動きであばら
が閉じてくるので、
閉じた肋骨が広がら
ないように、手のひ
らで押さえてキープ
しながら、鼻から息
を吸います。息を吸
ったなと思うところ
からもう1段吸うこ
とで、肋骨越しに背
中がストレッチされ
ます。反対側も同じ
ように行います。

BASIC 3
体側曲げ横隔膜ストレッチ

レッスン前
必ず
やろう！

BASIC 1と2に体を横に曲げた状態もプラスすることで、さらに、背中の可動域、体幹の安定性、脚を横に上げるときのキープ力もアップします。

1 肘で体幹を支えて上体を曲げる

足を肩幅よりも開いて立った状態から、「手を上げろ」のポーズで両手を肩の高さに上げて、肘の角度は90度を保ちます。

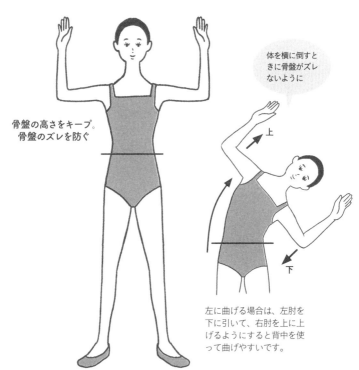

骨盤の高さをキープ。
骨盤のズレを防ぐ

体を横に倒すときに骨盤がズレないように

上

下

左に曲げる場合は、左肘を下に引いて、右肘を上に上げるようにすると背中を使って曲げやすいです。

2 体が曲げにくくなってきたら 腕を伸ばす

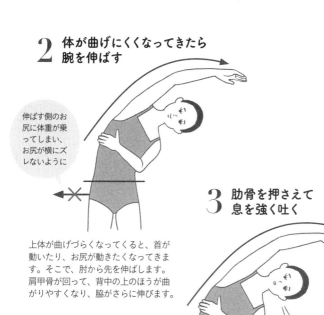

伸ばす側のお尻に体重が乗ってしまい、お尻が横にズレないように

上体が曲げづらくなってくると、首が動いたり、お尻が動きたくなってきます。そこで、肘から先を伸ばします。肩甲骨が回って、背中の上のほうが曲がりやすくなり、脇がさらに伸びます。

3 肋骨を押さえて 息を強く吐く

口からフ──

伸ばしていないほうの手で肋骨を押さえて息を強く吐きます。呼吸が苦手な方は「フーッ」と音を立てながらやるとよいです。

4 骨を押さえて、 鼻から息を吸う

腹筋の動きであばらが閉じてくるので、閉じた肋骨が広がらないように、手のひらで押さえてキープしながら、鼻から息を吸います。息を吸ったなと思うところからもう1段吸うことで、肋骨越しに背中がストレッチされます。反対側も同じように行います。

鼻からス──

横隔膜を活かして
お腹を引き上げる
〜メカニズム編〜

　横隔膜が使えると体にとってどんなメリットがあるのか、お話します。

たとえば、

・柔軟性アップ

・猫背や背中が丸くなるのを防ぐ

・体幹の強化

加えて踊りでは、

・引き上げしやすい

・脚を上げやすい

というメリットがあります。

　とはいえ、いきなりこんなメリットがあるよといわれても「なんで横隔膜なの？」って思いますよね。

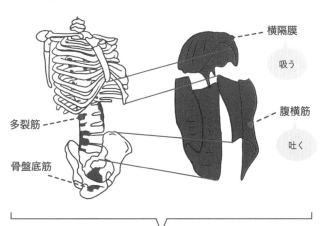

横隔膜は4つのコアマッスルの1つ。
1番コントロールしやすく、
コアマッスルを使うスイッチになる！

横隔膜は、息を吸うメインの筋肉で、コアマッスルの１つです。
　コアマッスルとは、体の体幹部にある深層筋（インナーマッスル）で、横隔膜、腹横筋、多裂筋、骨盤底筋群のことをいいます。
　横隔膜は上についているドーム状のフタ、腹横筋はコルセットのようにお腹を覆っています。
　多裂筋は背骨の奥の方に、骨盤底筋群はハンモックのように骨盤の底についています。
　この４つの筋肉は、体の中心を安定させたり、運動するときに手足の動きをサポートしやすくしてくれているのです。いろいろなポーズをするときも、このコアが安定しているから、ターンアウトしたり脚を上げたり、つま先を伸ばしたりできます。
　横隔膜がうまく機能しなくなると、体幹が崩れてバランスが取りづらくなったり、肩や背中、股関節の柔軟性が下がってしまったり、関節への負担が増えて痛みがでたりします。

横隔膜は、コアマッスルを使うためのスイッチ

　横隔膜は、一番コントロールしやすいので、コアマッスルを使いやすくする鍵になります。

　横隔膜は、息を吸うときに必ず使います。つまり息を吸えれば使えます。
　腹横筋は、強く息を吐くときに使います。ただ、普通に息を吐くレベルだとそんなに使いません。強めに吐く必要があるので横隔膜よりは意識しづらいです。
　多裂筋や骨盤底筋は、意識的に使うのがちょっと難しいです。
　つまり、コアマッスルのなかで意識的に使いやすいのが横隔膜なので、コアマッスルを使ったり整えたりするときのスイッチとして使いやすいのです。

深い呼吸ができると、
体幹強化と柔軟性のアップが同時にできる

横隔膜が使えることで前述したメリットを生み出す、その理由を紐解いていきましょう。

大きく分けて2つのポイントがあります。

1つ目のポイントは、横隔膜がある位置です。

横隔膜がある位置にどんな構造があるのか、何に影響するのか、これを知ることでイメージの解像度が一段上がるはずです。順番に解説していきます。

横隔膜の上にあるのは、胸郭（きょうかく）です。ほぼ体の真ん中です。

胸郭は、前がネクタイみたいな骨・胸骨、横が肋骨、後ろが背骨（胸椎（きょうつい））で囲まれたカゴで、なかに心臓や肺があります。

呼吸をするときは、横隔膜や、肋骨の間にある肋間筋の働きで、このカゴのなかで肺が広がったり縮んだりして空気の出し入れをしています。

呼吸が浅くて、横隔膜が硬かったりすると、このカゴ自体も固まってきます。つまり、脇や胸椎も固まってしまいます。

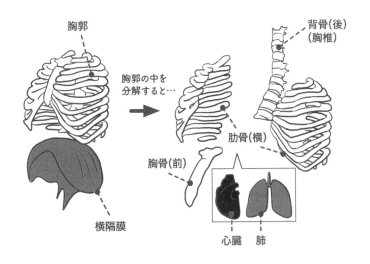

胸郭

胸郭の中を
分解すると…

背骨(後)
(胸椎)

肋骨(横)

胸骨(前)

横隔膜

心臓　肺

猫背になったり、肩甲骨の動きも悪くなって前肩や巻き肩になったり、背中が硬くて後ろに反りづらくなったり、反り腰になりやすいです。

　逆に、横隔膜に弾力性があって伸び縮みがしっかりできると、胸郭の硬さもとれます。

　つまり、**呼吸が深くて息をたくさん吐いたり吸ったりできると、脇や胸椎の柔軟性は上がる**というわけです。

深い呼吸ができると骨盤を平行に保てる

　次に、横隔膜の下には、腹腔があります。

　中には内臓が入っています。腹横筋がコルセットのようにお腹を保護しているのです。

　腹横筋と横隔膜はセットで使われます。

　横隔膜は息を吸うときに、腹横筋は息を強く吐くときに使います。

　ちなみに、腹横筋は笑ったり、咳をしたり、泣いたり、大声をだすときも使います。

　腹横筋は肋骨の下の内側から骨盤の上についているので、ここが使われると、あばらが内側から締まって、ウェストが細くなります。

　バレエのレッスンで、「ウェスト細くして」といわれているのはこの働きです。こうすることで骨盤がズレにくくなります。さらにいうと、息を深く吸うとき、横隔膜は骨盤を平行に保つ筋肉とセットで動きます。

　横隔膜は第12肋骨につくのですが、そこには骨盤を平行に保つ腰方形筋という筋肉もつきます。

　つまり、**横隔膜が使えて深く息を吸えることは、骨盤を平行に保つ筋肉も同時に使っている**ということになります。

　これが踊りのなかでどう活きるのか？
　12肋骨は横隔膜と腰方形筋に引っ張られてバランスを取ります。体幹が安定して、骨盤も平行に保つ動き、バレエでいうとパッセのキープもそうですよね。
　ほかにも、アラベスクで持ち上げた骨盤がズレないようにキープするときにも使います。
　つまり、**呼吸が深くて息をたくさん吐いたり吸ったりできると、あばらを閉じて骨盤もズレにくくできる**のです。

深い呼吸ができると背骨が使える

　横隔膜の後ろにあるのは背骨です。
　横隔膜は腰の骨の前につきます。そして、その背骨を後ろで支えるコアマッスルは多裂筋です。
　多裂筋は、背中を反ったり、ねじったり、横に曲げたり、固定したりするときに使います。

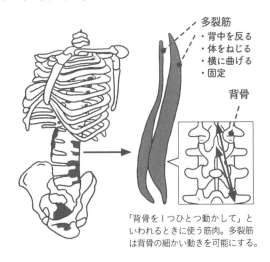

多裂筋
・背中を反る
・体をねじる
・横に曲げる
・固定

背骨

「背骨を1つひとつ動かして」といわれるときに使う筋肉。多裂筋は背骨の細かい動きを可能にする。

背中の筋肉でよくいわれる脊柱起立筋との違いは、多裂筋のほうが筋肉の付き方が細かいことです。

　この塊でひとつの筋肉というわけではなくて、背骨2つから4つ分をつないでいます。

　つまり、背骨の細かい動きが可能なので、体の安定性だけではなくて背中の柔軟性にも関係します。

　たとえば、カンブレのように後ろに背中を反ったり、アラベスクのように脚を後ろに上げて背中を起こすようなポーズのときです。

　バレエ教室で先生から「背骨1つひとつを動かして」といわれるときに使うところはココです。

「これが横隔膜を使えるのとどう関係するの?」って思いますよね?

　要するに「呼吸による連動で多裂筋も使われる」ということです。

　多裂筋は、筋膜を通して腹横筋と連結します。なので、多裂筋が働くと同時に、体幹のインナーマッスルである横隔膜や腹横筋、骨盤底筋群が同時に使われるのです。

　つまり、**コアマッスルは呼吸で連携して体幹を安定させるコルセットとして働くので、そのスイッチとして横隔膜が使えると体のスクエアが保ちやすかったり、腰痛予防にもつながります。**

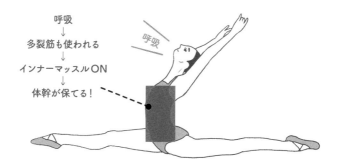

呼吸
↓
多裂筋も使われる
↓
インナーマッスルON
↓
体幹が保てる!

呼吸

呼吸力アップは、"体を固める"
ブレーキを防げる

呼吸に使われる筋肉（呼吸筋）は、横隔膜と肋骨の間にある肋間筋です。

横隔膜が縮むと胸郭の中が広がり、肺の中に空気が入って息を吸うことができます。

息を吐くときはとくに何もしなくても、横隔膜が緩むことで、風船がしぼむように肺の中の空気が押し出されて、息を吐くことができます。

つまり、おとなしくしているときの呼吸では、吸うときは筋肉を使うけれど、吐くときは自動なんです。

でも運動したり、息を強く吐くときには腹筋が使われます。

さらに、激しい運動になって呼吸筋だけではまかなえなくなったときに、呼吸をサポートしてくれる筋肉があるのです。

それが呼吸補助筋といって、背中を支える脊柱起立筋や、首肩の筋肉、肩甲骨を持ち上げる筋肉、骨盤を平行に保つ腰方形筋なども入ります。

つまり、呼吸力が足りなかったり息を止めて動かそうとすると、呼吸補助筋にも余計な力が入って固まってしまうのです。そのせいで、骨盤がズレたり、関節の動きにブレーキがかかって柔軟性が下がったり痛めやすかったりします。

たとえば、レッスンで「肩が上がる」といわれるように首の筋肉が縮こまったり、背中や肩、股関節が硬くなったり、首・肩・腰・脚のつけねを痛めやすかったりするのです。

横隔膜が使えることは、呼吸力アップによるコアの強化や骨格的な柔軟性のアップだけでなく、外側にある呼吸補助筋が固まらずに関節の動きを邪魔しないことで "体を固めてしまうブレーキを取り除く" ことでも柔軟性をアップしてくれます。

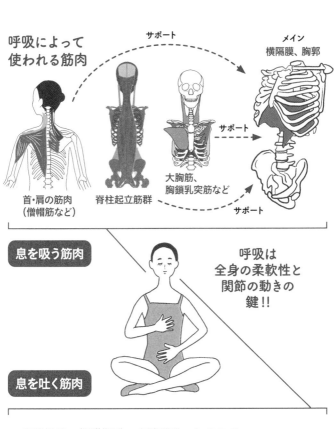

呼吸によって
使われる筋肉

サポート

メイン
横隔膜、胸郭

サポート

首・肩の筋肉
（僧帽筋など）

脊柱起立筋群

大胸筋、
胸鎖乳突筋など

サポート

息を吸う筋肉

呼吸は
全身の柔軟性と
関節の動きの
鍵!!

息を吐く筋肉

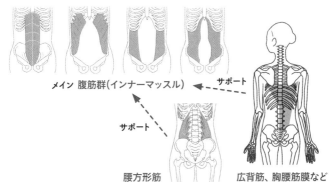

メイン 腹筋群（インナーマッスル）

サポート

サポート

腰方形筋

広背筋、胸腰筋膜など

呼吸と引き上げ

　呼吸が体の柔軟性や体を整えることに深く関係していることが、じょじょに理解できているでしょうか。より具体的に、「呼吸を活かしてお腹の引き上げをしやすくするにはどうすればいいか」についてお話します。

　ポイントを一言でまとめると、「胸郭が拡がるのを抑えながら腹式呼吸ができる」ことなのですが、どういうことなのか、順番に解説します。

口から吐く
↓
お腹が凹む

　一般的な腹式呼吸のやり方は以下です。
①お腹に手をおいて、お腹を凹ませながらゆっくり息を吐きます。

　肺の中の空気を出し切るのがポイントですが、慣れないとそこまで息が続かないと思いますので、3段階に分けてみてください。

　まず「フー」と息を吐いてから、口をすぼめて「フッフッフッ」と3回〜4回吐きだし、最後に「フー」と吐くと出しやすいです。
②息を吐き切ったら、おなかを膨らませながら鼻から息を吸います。

　鼻から3秒ぐらいでゆっくり息を吸い込み、おなかが膨らむのを手で確認します。

口から吸う
↓
お腹が出る

　普通の腹式呼吸はこれでいいのですが、バレエではちょっと問題があるんですね。理由は、息を吸うときに、胸郭が前に動いて、下のほうが拡がるからです。

バレエ教室では、この動きを「お腹が出る」「胃が出る」「あばらが開く」と注意されます。

胸郭が拡がるのを抑えたまま腹式呼吸ができれば、拡がるときに使われる分が体を引き上げるために使われるようになります。

たとえば、お腹の中身が下がらないように持ち上げたまま、脇を持ち上げたり（立てたり）、肋骨を持ち上げて息を吸うサポートをする肋骨挙筋を使って、肋骨越しに背中を持ち上げたりできます。

先生によっては呼吸の指導で「背中に空気が入るように」ということがありますが、それはこの筋肉を使ったときに背中がストレッチされる感覚のことをいっていることが多いです。

これらのことで、体にかかる重みを減らして、片脚や、ルルヴェで立ちやすくしています。

とはいえ、胸郭の拡がりを抑えながら息をたくさん吸うとか、背中を持ち上げる感覚は、そう簡単に意識できるところではありません。

感覚をつかむまでは、自転車の補助輪のように手で押さえながら、自動で使えるように整えていくのがオススメです。

そのための方法が、ご紹介した「横隔膜ストレッチ」なのです。

腹式呼吸の要領で息を吐き切ったあと、息を吸うときに胸郭が拡がるのを抑えることで、お腹の引き上げがしやすくなります。

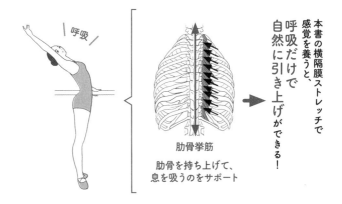

呼吸

肋骨挙筋

肋骨を持ち上げて、
息を吸うのをサポート

本書の横隔膜ストレッチで感覚を養うと、呼吸だけで自然に引き上げができる！

セルフ
チューニング
4

横隔膜ストレッチ・
ターンアウトバージョン

難しい動き、苦手な動きになるほど呼吸は浅くなり、そのぶん体は硬くなって動けなります。さまざまなポーズで柔軟性をアップする「横隔膜ストレッチ」を習慣にすることで、呼吸力がアップすると踊りやすい体になっていきます。

1 軸脚の脇と、動脚の肩を押さえる

脇を内側へ、肩を後ろへ。体幹がブレにくくなる

足を腰幅に開いて、つま先をそろえて立ちます。
片方の脇と反対側の肩を押さえます。これは、後でかかとをつま先のラインに合わせるときに、重心が横に移動してお尻がズレてしまうのを防ぐためです。

2 股関節のセッティング

股関節を開きながら床を押す形をセッティングします。

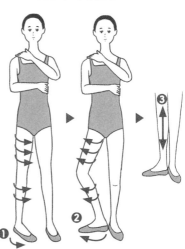

❶一度つま先を内側に向ける→❷かかとが軸脚につくように床を擦りながら回す→❸軽くしゃがんで、ひざ裏を伸ばすかんじで立ちます。

チェック　*□にチェックが入る人向けです

●ゆがみ系
□ 膝下がO脚、内転筋が弱い
□ ハムストリングスが硬い
□ 座っていると腰痛になりやすい

●踊りの問題
□ プリエが苦手
□ 股関節が硬い・お尻がこる
□ 「床を押して」と注意される

*3〜5は、P10、11の横隔膜ストレッチと同じです。

3 腕を前に出してねじってから肋骨をつかむ

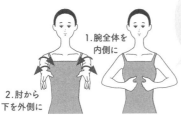

1. 腕全体を内側に

2. 肘から下を外側に

肋骨にひっかけた手の甲は下。肘は横に張る。お腹にあるコアマッスル（横隔膜や腹横筋）にアプローチできる

二の腕を内側に向けて、小指から外側にねじり返したあと、肋骨に指をひっかけます。体幹が安定します。

4 息を強く吐く

息を吐くと腹筋が使われて、あばらが閉じてくるのがわかるはずです。一息だとうまく息を吐けない場合は、3段階に分けるとお腹を凹ませて息を吐きやすくなります。

1：フー
2：フッフッフッ
3：フー（ダメ押し）

背中が丸まらないように

5 手のひらで肋骨を押さえて、鼻から息を吸う

鼻から
ス——

次に、閉じた肋骨が広がらないように、手のひらで押さえてキープしながら、鼻から息を吸います。十分息を吸ったなと思うところからもう1段吸うことで、肋骨越しに背中がストレッチされます。
最初は肋骨が持ち上がるときに肩が持ち上がるのが気になると思いますが、それは呼吸筋が動かない分を肩甲骨を持ち上げる筋肉がサポートしているから。繰り返していくうちに、横隔膜や肋間筋などの呼吸筋が動くようになってくると、肩が持ち上がらなくても深く息を吸えるようになります。

呼吸とアームを
活かして
肩甲骨の位置を整える

　肩甲骨は、体幹からも、肩からも引っ張られやすい部分です。両者のバランスがうまく噛み合わないと、腕の力をうまく体幹に伝えることができずに、肩の可動域だけでなく体幹の柔軟性にも影響が出てしまいます。バレエの腕の動き、アームスを応用して、前・横・上と腕を伸ばすことで肩甲骨を動かしながら、呼吸を使うことで、肩甲骨と体幹をつなぐ筋肉のストレッチを同時に行う方法をお伝えします。

チェック　*□にチェックが入る人向けです

●ゆがみ系
□ 肩の動きが硬い、コリやすい
□ 猫背、反り腰になりやすい
□ 座っていると腰痛になりやすい

●踊りの問題
□ 背中が反りづらい
□ 足が重い、股関節が硬い
□ 肘が下がる、体勢が崩れやすい

　踊りのなかでいうと、肩甲骨の仕事は腕の動き以外にもたくさんあります。たとえば、後ろに反るときは、背中の上が反る支点になります。こうすることで腰に負担がかからないようになりますし、反り腰を防ぐこともできます。

　アラベスクでは、腕を前や上に伸ばすことで背中を起こすときに使いますし、横に伸ばすことで骨盤がズレないように体幹をキープするときにも使います。

　ピルエットのような回転系では、遠心力にまけて体がグニャッとならないようにキープして、回転をサポートしています。

【腕伸ばし 前バージョン】

1 腕をねじる（脇をしぼる）→籠を抱える手の形 →腕を前に伸ばす

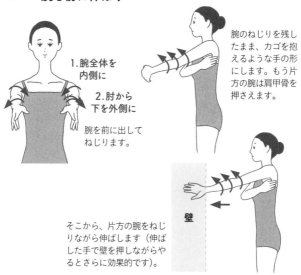

1. 腕全体を内側に
2. 肘から下を外側に

腕を前に出してねじります。

腕のねじりを残したまま、カゴを抱えるような手の形にします。もう片方の腕は肩甲骨を押さえます。

壁

そこから、片方の腕をねじりながら伸ばします（伸ばした手で壁を押しながらやるとさらに効果的です）。

2 肩甲骨を前に引っ張る（a）→脇を後ろに引く（b）→深呼吸（c）

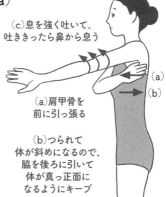

（c）息を強く吐いて、吐ききったら鼻から息

（a）肩甲骨を前に引っ張る

（b）つられて体が斜めになるので、脇を後ろに引いて体が真っ正面になるようにキープ

（a）

（b）

point

腕をねじりながら伸ばすことで腕を肩甲骨に寄せ、肩甲骨を前に引っ張ることで、肩甲骨を前にスライドさせます。脇を後ろに引くことで、肩甲骨を背骨に寄せる筋肉を使いやすくしています。

【腕伸ばし 横バージョン】

1 腕をねじる（脇をしぼる）→カゴを抱える手の形 →腕を横に伸ばす

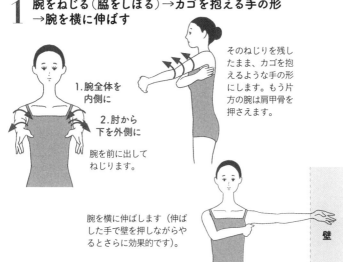

1. 腕全体を内側に

2. 肘から下を外側に

腕を前に出してねじります。

そのねじりを残したまま、カゴを抱えるような手の形にします。もう片方の腕は肩甲骨を押さえます。

腕を横に伸ばします（伸ばした手で壁を押しながらやるとさらに効果的です）。

壁

2 肩甲骨の下を押さえる（a）→深呼吸（b）

point

肩甲骨は周囲の筋肉でいろいろな方向に引っ張られます。位置をキープする筋力が弱いと、縮みやすい筋肉に引っ張られてズレます。
手を横に伸ばした状態でさらに壁を押すと、肩甲骨が前と上にズレやすくなります。肩甲骨の下側が肋骨から離れないように押さえておくことで、肩甲骨の位置をキープしながら、肩甲骨を引っ張る筋肉をストレッチできます。

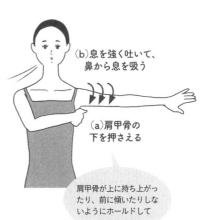

（b）息を強く吐いて、鼻から息を吸う

（a）肩甲骨の下を押さえる

肩甲骨が上に持ち上がったり、前に傾いたりしないようにホールドして

【腕伸ばし 縦バージョン】

1 腕をねじる（脇をしぼる）→カゴを抱える手の形
→腕を上に伸ばす

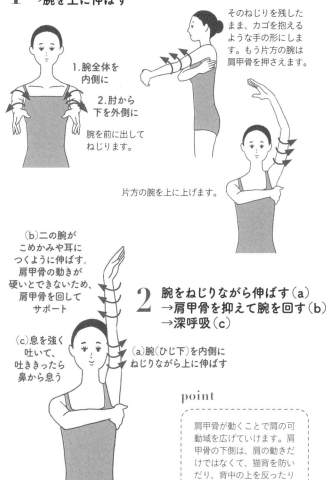

1.腕全体を
内側に

2.肘から
下を外側に

腕を前に出して
ねじります。

そのねじりを残した
まま、カゴを抱える
ような手の形にしま
す。もう片方の腕は
肩甲骨を押さえます。

片方の腕を上に上げます。

（b）二の腕が
こめかみや耳に
つくように伸ばす。
肩甲骨の動きが
硬いとできないため、
肩甲骨を回して
サポート

（c）息を強く
吐いて、
吐ききったら
鼻から息う

2 腕をねじりながら伸ばす（a）
→肩甲骨を抑えて腕を回す（b）
→深呼吸（c）

（a）腕（ひじ下）を内側に
ねじりながら上に伸ばす

point

肩甲骨が動くことで肩の可
動域を広げていけます。肩
甲骨の下側は、肩の動きだ
けではなくて、猫背を防い
だり、背中の上を反ったり
するときにも使います。

足の甲グーパー
～足裏の感覚を上げて 甲を伸ばす感覚を育てる～

　レッスン前に行うと、足裏の感覚がアップして、股関節が使い やすくなったり、体幹のつながりが強化され、バランスがとりや すくなったり、足がコントロールしやすくなります。

チェック　＊□にチェックが入る人向けです

●**生活習慣・ゆがみ系**
□ 浮き指
□ 柔軟性がない・足首が硬い

●**症状系**
□ 体幹が弱い
□ 外反母趾・開帳足・扁平足
□ すねの外側が疲れやすい

●**踊りの問題**
□ 床が押しづらい
□ つま先が伸びない
□ 外側（小指）体重・鎌足

---

1 中足骨の位置を確認

中足骨は、親指 から小指までの ５本の指の延長 にある骨で、足 の甲の骨の手前 にあります。

骨を２個ずつ持つイ メージで、左右の手 を上下に互い違いに 動かします。どの骨 からやってもOK。

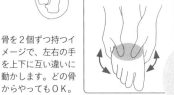

2 甲の関節の動きを確認

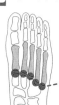

中足骨は足首の根 元の近くに関節が あるので、そこに はまった状態で動 かします。

-- -- 動かしてるのは
　　　この辺り。

コツは、骨を持ってか ら２秒待って動かすこ と。甲の関節（リスフ ラン関節）がはまった 状態で動かしやすい

１と同様に動かします。

3 甲の関節を使って足をグーパー

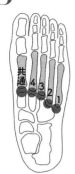

共通

4 3 2 1

親指側にある土踏まずの骨は共通で、もう片方の手は小指側から順番に押さえる骨を変えて甲でグーパーします。
❶共通（1趾）と小指側（1）を押さえてグーパー。
❷共通と薬指側（2）を押さえてグーパー。
❸共通と中指側（3）を押さえてグーパー。
❹共通と人差し指側（4）を押さえてグーパー
数回グーパーしてみてください。動かしているのは甲の部分なので、目に見える動きはあまりありません。

グーのときに、足の甲の皮膚が引っ張られるかんじがあればOK

1趾側は共通して押さえて、他の趾の押さえる順番を変えて甲でグーパー

4 足の関節をロックした状態で、ポイント（底屈）とフレックス（背屈）を繰り返す

仕上げに、ポイントやフレックスをすることで、足裏の強度が違ってきます。
親指側にある土踏まずの骨は共通で、もう片方の手は小指側から順番に押さえる骨を変えてポイントとフレックスを何度か繰り返します。
押さえる場所は、3と同じです。
❶共通（1趾）と小指側（1）を押さえてポイント、フレックス。
❷共通（1趾）と薬指側（2）を押さえてポイント、フレックス。
❸共通（1趾）と中指側（3）を押さえてポイント、フレックス。
❹共通（1趾）と人差し指側（4）を押さえてポイント、フレックス。

point

最初のうちは「感覚がわからない」と思う人もいるかもしれませんが、じょじょに甲を伸ばす感覚が育っていきます。行った後で、プリエでしゃがんだときに膝が横に開きやすくなったり、つま先立ちしたときに足が安定する効果をチェックしてください。

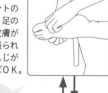

ポイントのとき、足の甲の皮膚が引っ張られるかんじがあればOK。

骨を持って2秒待ってから動かすと◎

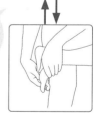

人差し指と中指の中足骨は足裏からは触れづらいので指からたどって確認を。

＊この調整後、続けて足指インプットを行うと、足の形が整い、さらに効果が上がります。

足指インプット

　バレエを習っていると、足についてはさまざまな形で注意を受けますよね？

「もっとつま先を伸ばして！」「ルルヴェを高く！」「足指が曲がってる！」「足裏が弱い」「足首が硬い」「床を使って（押して）」「かかとに乗ってる！　もっと前に立って」などなど、バリエーションは幅広くあります。

　これらの問題は実は、多くのケースで足首や足指の動かし方、とくに指を動かすタイミングに問題があります。

　足首をフレックス（反る）するとき、同時に指も反っていたり、つま先を伸ばすときに指が曲がっていたりしているんです。

足指と全身のつながり

お伝えした「足の甲グーパー」と、この「足指インプット」は下の図のような、"足指のつながり"を活性化させる目的もあります。
P50からの「手のつながり連動リリース」も行うと、双方がつながるので、より体が整い、バランスが取りやすくなるなど利点が多いです。

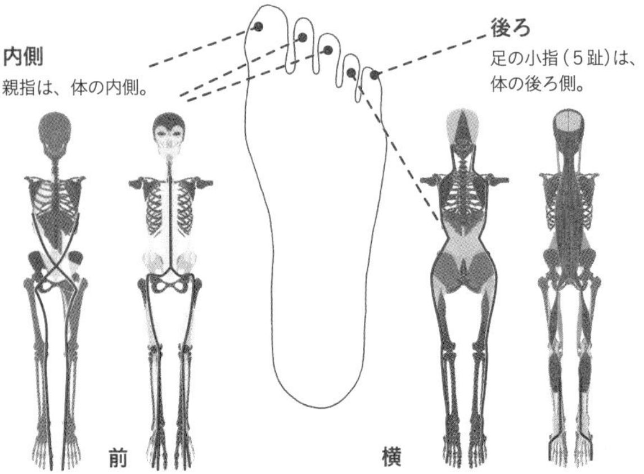

内側
親指は、体の内側。

後ろ
足の小指（5趾）は、体の後ろ側。

前
足の人差し指と中指（2趾、3趾）から体の前側。

横
足の薬指（4趾）は、体のサイド（横）。

＊足と体幹のつながりをより詳しく知りたい方は、『バレエ筋肉ハンドブック』（P74〜76）を参照ください。

解説 踊りやすくなる足の動かし方

　バレエや踊りで足を使いやすくするためにはどう動かすといいのか解説します。お勧めの順番はコレ。

　バレエや踊りのパフォーマンスをアップさせる足の動かし方を分けると、次の4つのステップになります。

〈足を動かす正しい順番〉

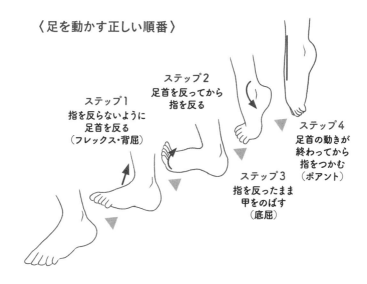

ステップ1
指を反らないように
足首を反る
（フレックス・背屈）

ステップ2
足首を反ってから
指を反る

ステップ3
指を反ったまま
甲をのばす
（底屈）

ステップ4
足首の動きが
終わってから
指をつかむ　（ポアント）

　この順番で動かせるようになると、足裏に力が入りやすくなって、バランスがアップしたり、股関節の動きをコントロールしやすくなったりとパフォーマンスアップに活かすことができます。

　足を動かす正しい順番を踏まえたワークで、動かし方を脳にインプットしましょう。自然にこの動かし方ができるようになるのが理想です。母趾に体重が乗り、甲が高くなり、ルルヴェが高くなったり、安定しやすくなります。

1 足指を伸ばして足首を反る

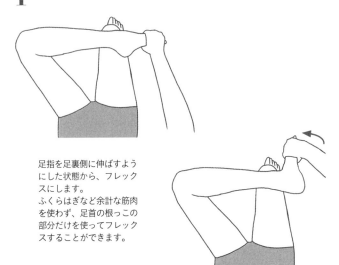

足指を足裏側に伸ばすよう
にした状態から、フレック
スにします。
ふくらはぎなど余計な筋肉
を使わず、足首の根っこの
部分だけを使ってフレック
スすることができます。

2 指を反って深呼吸

足指を90度に反らせます。
その状態のまま深呼吸を3
回します。呼吸は、口から
吐いて、鼻から吸います。

3 指を反らした状態のままつま先を伸ばす

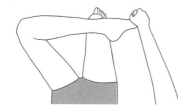

そうすると、通常は足指が曲がってしまうのですが、手で足指を反らした状態をキープすることによって足首の根元だけを動かして、ドゥミポアントの動きができます（底屈）。足指を開いて使ったり、足裏のアーチのキープ、ドゥミポアントやポアントで安定しやすくなります。

4 脚の形を整える

伸びやすくなる

すね：膝から足首に向かってさする

ふくらはぎ：足首から膝に向かってさする

より足首を安定させるために、できる範囲で足首と甲が一直線になるように、脚をさすったりほぐしましょう。

5 脚と甲が一直線に近づいたら、指を足裏に向けて伸ばす

脚と甲が一直線に近づいたら、手を離します。足指が足裏に向かって伸びていきます。
つま先が伸びるように手でフォローしてあげると、足裏に力が伝わって足首が強くなります。

＊この後に足指トレ（『バレエ筋肉ハンドブック』P80）を行うとさらに足全体のトレーニングになります。

なぜこの順番がいいのか？

最初に指を反らずに、足首を反る理由は次の３つです。

① つま先を伸ばすときに、指を伸ばすため
② 足首の可動域を落とさないため
③ すねの外側が疲れないようにするため

　これらは、解剖学的な理由が大きいです。指を反る筋肉は伸筋といって、指を伸ばす筋肉でもあります。

　なので、足首を反る段階で使ってしまうと、後でつま先を伸ばすときに使えません。

　また、指を反る筋肉は足首に腱があるので、足首を反るときにも使われます。

　つまり、指を反りながら足首を反ってしまうと、足首の可動域を十分使えないためです。

　また、指を反る筋肉はすねの前のちょっと外側につく筋肉（長母趾伸筋・第三腓骨筋）もあるので、ここを使いすぎるとすねの外側が疲れて外側体重になりやすいといったデメリットもあります。

　そのため、指を反るなら足首を反った後がいいのです。

　指を反った状態のままポアント（底屈）できると、アキレス腱をギュッと縮めずに動かすことができます。

　さらに、アーチが崩れにくいので甲も出やすくなりますし、つま先立ち（ルルヴェ）したときに母趾に乗りやすくなります（体重が中心に乗りやすい）。

「ひざが曲がるといわれる理由」 と 「ひざ裏を伸ばすメカニズム」

バレエ教室で踊っていると、先生から「もっとひざを伸ばして」といわれたことはありませんか？

自分では伸ばしてるつもりなのに、「曲がってる」「伸びてない」といわれる、と思った経験もあるかもしれません。

解剖学的にひざを伸展する（伸ばす）筋肉は、前ももにある大腿四頭筋です。

なので、言葉の通りにひざだけを伸ばそうとすると、前ももに力が入ってしまいます。ひざを伸ばそうと頑張り過ぎて「前もも使い過ぎ」と注意されることもよくあるようです。

では、何が問題なのか？　実は、これらの方に共通するのは、「ひざ裏が曲がっている」ことです。ひざ裏が伸びないせいで、「ひざが曲がっている」と注意されるのです。

ひざ裏が伸びないのは「何が問題」なのか？

ひざ裏につながる筋肉をみてみると、上からは「もも裏の筋肉・ハムストリングス」が、下からは「ふくらはぎの筋肉・腓腹筋」がそれぞれつながります。

ココ ▶

ひざ裏がちゃんと
伸びていないと、
ひざは曲がって
みえてしまう

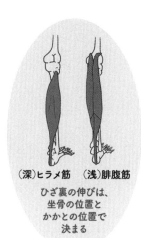

（深）ヒラメ筋　（浅）腓腹筋

ひざ裏の伸びは、
坐骨の位置と
かかとの位置で
決まる

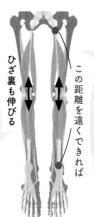

ひざ裏も伸びる

この距離を遠くできれば

ハムストリングス
（大腿二頭筋、
半腱様筋、
半膜様筋）

　ひざ裏は、もも裏の筋肉、ふくらはぎの筋肉の腱が集まった場所です。つまり、ひざ裏は、「もも裏の筋肉とふくらはぎの筋肉の伸び縮みに影響を受ける」ということです。

　それぞれの筋肉がひざ裏からどこにつながるのかを見てみると、ハムストリングスは坐骨や大腿骨に、腓腹筋は奥にあるヒラメ筋と一緒にかかとにつながります。

　要するに、**ひざ裏の伸び具合は、坐骨とかかとの位置で決まる**ということです。

ひざを伸ばしたいタイミングで
骨盤がズレていませんか？

　では、「ひざ裏を伸ばせば解決なんだね」と思って踊りながら伸ばそうとしたけど、思うように伸びない人もいると思います。それは、先ほどお話したようにひざを伸ばす筋肉が前ももなので前ももに力が入りやすいということもありますし、もともとハムストリングスが硬いということもあるでしょう。

ただ、踊っているなかでひざが伸ばしにくいなら、もう1つ重要な理由があります。

　それは、ひざを伸ばしたいタイミングで骨盤がズレているということです。

　今までお会いした多くの方で、ひざが伸びないことで悩んでいる場合、脚を伸ばすときに一緒に体幹が動いて骨盤がズレているケースがほとんどでした。そのせいで、せっかく伸ばしたひざ裏が縮んでしまっていたのです。

　骨盤というのは、坐骨、腸骨、仙骨、恥骨と4つのパートからできていますが、それらは実にいろいろな筋肉とつながっています。何がいいたいのかというと、「骨盤はいろいろな筋肉に引っ張られてその位置が決まる」ということです。

　たとえば、前でも後ろでも脚を上げるときに、ひざを伸ばそうとしても体幹コントロールや上半身のねじれが不十分で、あばらや骨盤が横に広がってしまったり、逆に骨盤が落ちたり、スネが固くて甲やつま先が伸びきらなかったりすると、坐骨とかかとの位置がズレて、距離を遠くしづらくなるぶん、坐骨とかかとをつなぐ筋肉をうまく張れなくなります。

　イメージでいうと、ビニール傘を開いたときに、傘の骨が曲がってるせいでビニールの部分がしわしわになってしまうかんじです。

　そのせいで、もも裏とふくらはぎの筋肉は縮んで、ひざ裏を伸ばしたくても伸ばせない状態になってしまいます。

　つまり、構造的には、坐骨とかかとを遠くすることでひざが伸びやすくなりますが、その伸びは、**動いているときの骨盤の位置をキープする力と、足首のコントロール力によって決まる**ということです。

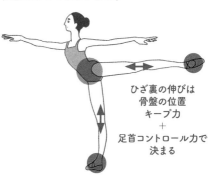

ひざ裏の伸びは
骨盤の位置
キープ力
＋
足首コントロール力で
決まる

骨盤を立てながら
ひざ裏を伸ばす

ひざ裏を伸ばすには、坐骨とかかとを遠くに離すようなストレッチと、それをいろいろな体勢でキープする体幹力、足首の動きが必要になってきます。

これらに対して効率よくアプローチするチューニングをお伝えします。

呼吸とセッティングで骨盤を立てながらひざ裏を伸ばす方法です。脚を上げて遠くに伸ばすデヴェロッペの体の使い方も、体にインプットしながら整えることができます。

チェック ＊□にチェックが入る人向けです

●ゆがみ系
□ 足首・ハムストリングスが硬い
□ 猫背・反り腰になりやすい
□ 腰痛になりやすい

●踊りの問題
□「ひざが曲がっている」といわれる
□ 脚が上げづらい
□ ルルヴェが低い・プリエが苦手

---

1 脚のセッティング

仰向けに寝た状態でひざを立てる→足首を反る（フレックス）→足首とひざを90度に保ったまま、脚を持ち上げる

足首を反ると、足首のなかにある距骨をはめたまま脚を動かせるので、脚を軽く持ち上げやすく、腸腰筋や股関節が使いやすくなります。ひざを90度に曲げることで、股関節への負担も減

ひざを深く曲げる。
足首ダラン **NG** ×

腸腰筋がうまく
使えず前ももの
筋肉がより使わ
れてしまう

2 もも裏とあばらを持つ

腕をねじって、上げた脚と反対側の手でもも裏を、同じ側の手であばらを持ちます（このイラストでは、左脚を持ち上げているので、右手でもも裏を、左手であばらを押さえています）。

手で持つ
位置はココ

もも裏はひざ裏より少し上を持つ。ひざ裏に近いところを押さえたほうがハムストリングスのストレッチ効果が高い

あばらは指をひっかけるように持つ。次のステップで息を強く吐いたときに腹横筋を使いやすい。腹横筋が使われると、あばらが締まって骨盤がズレにくくなり、脚を寄せたときに体が斜めになったり骨盤が開いてズレてしまったりするのを防ぐ

3 太ももにお腹を寄せて深呼吸

ポイントを押さえたら、脚の角度をキープしたまま、太ももをお腹のほうに寄せて息を吐きます。

足首90度ひざ90度保った状態で太ももをお腹に寄せることで腸腰筋を使えて、寄せたときに体幹が崩れないようにキープ。体幹を斜めにズラしたり、ひざを外側にむけたほうが脚は上げやすいが、そうならないようにキープしながら脚を使えるように通り道をつくる

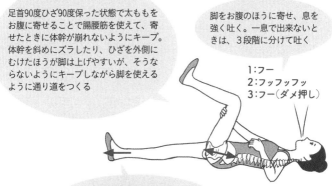

脚をお腹のほうに寄せ、息を強く吐く。一息で出来ないときは、3段階に分けて吐く

1：フー
2：フッフッフッ
3：フー（ダメ押し）

下に置いた脚は遠くに伸ばして行うと、骨盤が安定して効果アップ

4 寄せた脚を上に伸ばして呼吸する

あばらが締まってくるので、その狭くなったあばらを手でキープして、かかとから脚を上に伸ばしながら鼻から息を吸います。息を吸い終わったら、脚を下ろします。

床に置いた脚は遠くに伸ばして

5 1〜4を何度か繰り返す

**太ももをお腹に寄せる→
息を強く吐く→
狭くなったあばらをキープ→
脚をあげながら、
鼻から息を吸う**

＊途中で伸びが止まったり、体に力が入ったら、息を強く吐いて、鼻から息を吸う呼吸を取り入れて。

寄せるほうの脚は、お腹を使って脚上げしやすくしたり、上げる脚の角度を高くする

体勢をキープしながら深い呼吸をすることで、体幹を保った状態で脚上げするときに使いたい内側の筋肉をストレッチできる

かかとと坐骨を引き離すようにストレッチすると、実際に立って脚を上げるときに、骨盤がズレてお尻に体重が乗ったり、ひざが途中で曲がるのを防げる

何回か繰り返すたびに、太ももがお腹に寄せやすくなります。脚も上に伸ばしやすくなって、ひざ裏を含む坐骨からかかとまでの脚裏全体が伸びます。

参考：フィブラフレックス法（P68『バレエ筋肉ハンドブック』脚を伸ばして座った状態で足首を動かし、ひざを含む全身を伸ばす）を併用して行っていただくと、脚から全身にかけてさらに整い、使いやすくなります。

体の
つながりを
意識して
みよう！

足太陽経筋リリース
～体の後ろでつながるところを まとめてゆるめる～

東洋医学的な筋肉の連動の一つで、足の小指から顔まで体の後ろをつないでいる筋肉の流れを「太陽経筋」といいます。そのルートを効率よくまとめてリリースする方法をお伝えします。

チェック ＊□にチェックが入る人向けです

●**生活習慣**
□ 長時間のデスクワークなどで
　背中が丸くなりやすい
□ 眼精疲労がひどい
□ 首や肩こり
□ 締め付けられるような頭痛

●**踊りの問題**
□ 腕が上に上がらない
□ 前屈が苦手
□ 長座が苦手
□ ハムストリングスが硬い
□ アキレス腱に痛みが出る
□ つま先立ちで床が押せない

前屈苦手　×　スマホ首　×

こんな人向けです

× ハムストリングスが硬い　× 猫背

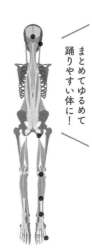

まとめてゆるめて踊りやすい体に！

1 〈上半身〉背中の皮膚をつまんで軽く上に引っ張る

足を腰幅に開いた状態で立ちます。背中の皮膚をつまんで軽く上に引っ張ります。背中の皮膚をつまむ位置は、手の届く範囲で。背中の下のほうからつまんでください。

皮膚をつまんで
2秒待ってから
上に引っ張って

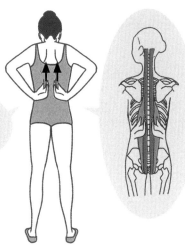

2 〈上半身〉つまんで上に引っ張ったまま一度、軽くしゃがむ

3 〈上半身〉上半身を前に倒す

背中がストレッチされて、上半身の後ろ側が伸びやすくなります。

4 〈上半身〉 坐骨とかかとを引き離すように 膝裏を伸ばす

背中がストレッチされて、上半身の後ろ側が伸びやすくなります。

5 〈上半身〉つまむ場所を変えて同じように行う

太陽経筋でつながっている、背中の上部、首、眉とつまむ場所を変えて、2～4を行います。

背中
（1より
上の位置）

首

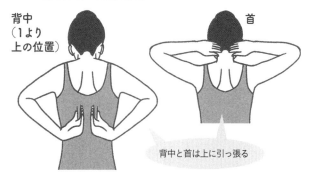

背中と首は上に引っ張る

眉

眉毛は下に引っ張る

眉まで行うことで、だんだんと伸ばせる範囲が変わってきます。体を深く折り曲げられるようになり、脚に頭が近づいていくのがわかると思います。背中やもも裏が伸びることによって柔軟性が上がるからです。

＊背中の皮膚がつまみにくい方へ
先にP28の肩甲骨周りのワークで緩めておくとやりやすくなります。

続いて骨盤から下、下半身を
リリースするやり方について解説をします。

6 〈下半身〉長座をして坐骨とかかとを押さえる

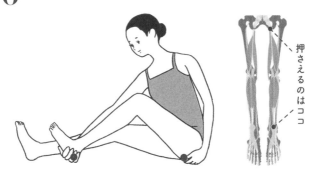

押さえるのはココ

7 〈下半身〉膝を曲げて坐骨とかかとを離すように伸ばす

一度膝をお腹のほうに寄せてから坐骨とか
かとを離すように膝裏を伸ばしていきます。

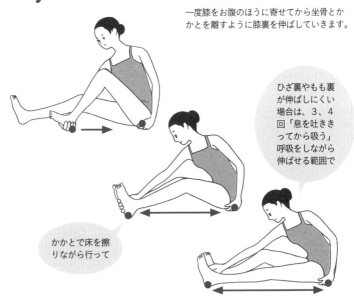

ひざ裏やもも裏
が伸ばしにくい
場合は、3、4
回「息を吐きき
ってから吸う」
呼吸をしながら
伸ばせる範囲で

かかとで床を擦
りながら行って

48

8 〈下半身〉坐骨と小趾の辺りを押さえる

押さえるのはココ

9 〈下半身〉ひざを曲げて坐骨とかかとを 離すように脚を伸ばす

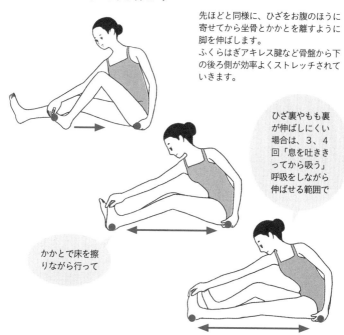

先ほどと同様に、ひざをお腹のほうに
寄せてから坐骨とかかとを離すように
脚を伸ばします。
ふくらはぎアキレス腱など骨盤から下
の後ろ側が効率よくストレッチされて
いきます。

ひざ裏やもも裏
が伸ばしにくい
場合は、3、4
回「息を吐きき
ってから吸う」
呼吸をしながら
伸ばせる範囲で

かかとで床を擦
りながら行って

手のつながり連動リリース
〜背中から腕を使いやすくして
体幹力UP〜

理論

『手のつながり連動リリース』の狙い

　手や腕のサポートがあることで、体幹を使える量は倍になります。各指の連動を知ることで、ご自身の苦手なところの補強や、より伸ばしたいところのサポートに使えるはずです。

　その連動が、手と体幹、足をつないでセンターレッスンでのパフォーマンスアップにもつながります。

　それぞれの指の連動で、どんな効果を狙っているのか。

　たとえば、親指の付け根と他の指の付け根を、向かい合わせるように近づけることで、それぞれの指の連動をつなぐスイッチを入れることができます。

　ここで動かしているのは、手の甲の骨です。

　手の甲の骨が手首に差し込まれた状態で、指の付け根が近づくと、指を伸ばしたまま物をつかむかんじになります。

　指にギュッと力が入るかんじではありません。

　手と体幹をつなぐ力は、"手のひら"で握る力で決まるので、指が力み過ぎないように手のひらで物がつかめると、それぞれの指の連動に合わせていろいろなメリットがあります。

「親指と中指」のつながり

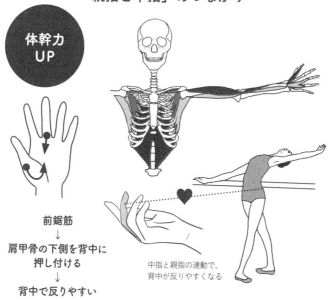

体幹力
UP

前鋸筋
↓
肩甲骨の下側を背中に
押し付ける
↓
背中で反りやすい

中指と親指の連動で、
背中が反りやすくなる

　親指は肩の前から胸・肋骨・横隔膜まで、中指は肩甲骨の前、
そして脇につながります。

　踊りでとくにポイントになるのは、脇にある前鋸筋です。

　ここは、肩甲骨の裏側から脇をつなぐ筋肉です。

　肩甲骨の下側が背中を押さえることで、背中の上で反りやすく
なります。その分、反り腰や出っ尻も減ります。

　さらに、この肩甲骨を脇に近づける動きは「肩を下げる」動き
でもあります。

　また、肋骨が開くのを抑えてくれるので、腹筋が使いやすくな
り、骨盤のズレや、脚を上げたときの体幹キープにも一役買って
くれます。

「親指と小指」のつながり

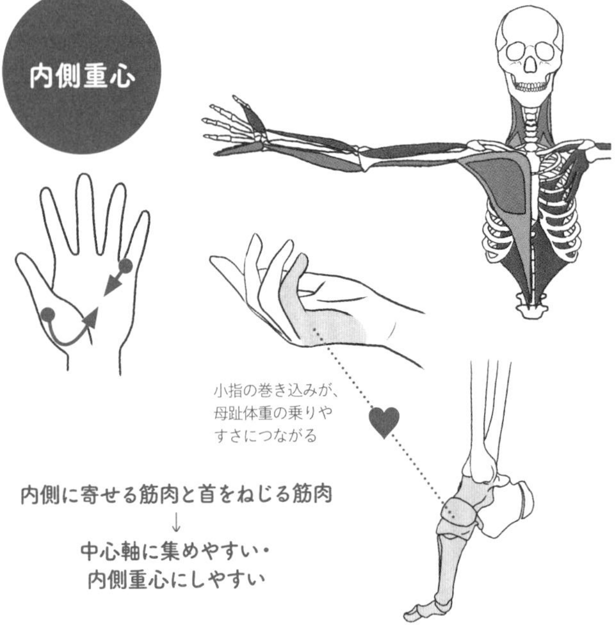

内側重心

小指の巻き込みが、
母趾体重の乗りや
すさにつながる

内側に寄せる筋肉と首をねじる筋肉
↓
中心軸に集めやすい・
内側重心にしやすい

　小指は、二の腕の後ろ、脇の後ろ、肩甲骨の後ろから首、前側では胸やへそまでつながります。

　踊りでとくにポイントになるのは、内側に寄せる筋肉と首をねじる筋肉です。どちらも、軸を内側に集めるのに使います。

　たとえば、アームスのアン・ナヴァンやアン・オーは、腕で輪っかをつくって寄せることで中心軸に集めやすくする作用があります。内ももを使って脚を寄せやすくする、パッセのキープ、ピルエットで回転するときに上半身が崩れないようにするのにも使われます。

　小指の根元を親指に近づける動き（小指の巻き込み）は、足の親指に体重を乗せやすくしてくれます。

「親指と薬指」のつながり

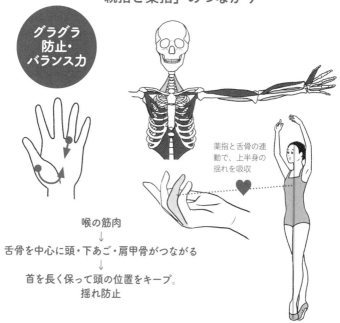

グラグラ
防止・
バランス力

薬指と舌骨の連動で、上半身の揺れを吸収

喉の筋肉
↓
舌骨を中心に頭・下あご・肩甲骨がつながる
↓
首を長く保って頭の位置をキープ。
揺れ防止

　薬指は、二の腕の後ろ、肩甲骨の上や喉につながります。

　踊りでとくにポイントになるのは、喉の部分です。

　喉仏の上には舌骨という骨があります。薬指の連動はこの舌骨を中心に頭、下顎、肩甲骨をつないでいます。

　それが頭の揺れを抑えてくれるのです。頭、アゴ、肩甲骨をつなぐことによって、首がすくんで短くならないように頭の位置をキープしてバランスをよくしてくれます。

　つま先立ちをしたときのバランス調整は以下を参考にしてみてください。

・親指に乗れていないなど、足で支えるバランスが取りづらい場合は小指の巻き込みで

・頭や上半身の揺れが強い場合は、薬指で

「親指と人差し指」のつながり

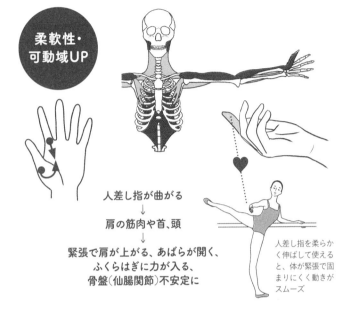

柔軟性・
可動域UP

人差し指が曲がる
↓
肩の筋肉や首、頭
↓
緊張で肩が上がる、あばらが開く、
ふくらはぎに力が入る、
骨盤（仙腸関節）不安定に

人差し指を柔らか
く伸ばして使える
と、体が緊張で固
まりにくく動きが
スムーズ

　人差し指は、肩の筋肉や首、頭につながります。

　人差し指の場合、他の指と違って、踊りでとくにポイントにな
るのは、緊張で固まる部分です。

　人差し指のつながりには、緊張で固まる部分があります。

　これらに力が入ると、以下のようなことが起こります。

・首がすくむことで肩が上がる・あばらが開きやすい

・骨盤が不安定・ふくらはぎに力が入りやすい

　これらは、人差し指が曲がることで起こりやすくなります。

　人差し指を柔らかく伸ばしておくことで、頭から肩が余計な緊
張で縮まないので、可動域や体幹のキープを邪魔しません。具体
的には、アン・オーにするときの肩の動きをスムーズにしてくれ
ます。また、バットマンなどで脚を放り上げるとき、もも裏など
の後ろの筋肉が柔らかくなって脚を上げやすくなります。

手の連動の
スイッチを入れよう！

○　×

　手の連動は、腕、肩甲骨から体幹そして頭までつながります。この連動を入れるスイッチは、手のひらだけを使ってボールなど、物を握れることです。バレエのレッスンでは、この手の形でバーを使って体を支えたり、手の形をキレイに保ったまま脚を色々な方向に動かしていくことで手や足と体幹をつないでいるのです。

　そうしておくことで、可動域や柔軟性も増えますし、素早い動きができるようになったり、バランスもとりやすくなるんですね。

　なので、手の形をキレイに、柔らかく使えるようにするのも体の連動を入れるスイッチになります。

　ただ、「手の形を意識しづらい」「手のひらでつかむ感覚が意識しづらい」「レッスン中にできないよね」と思う人もいるかもしれません。

　そこで、手の指の連動と肩甲骨の動き、そして腕のねじりを組み合わせて、あらかじめ連動を使いやすい状態に整える方法を紹介します。

チェック ＊□にチェックが入る人向けです

●ゆがみ系

□ 肩や肩甲骨の動きが固い、肩こり
□ 猫背・反り腰になりやすい
□ 首の動きが悪い

●踊りの問題

□ 背中の上を使って反りづらい
□ 脚上げするときに脚が重くて高さがでない、股関節が固い
□ 肘が下がる、骨盤がズレるなど体勢が崩れやすい
□ バランスが取りづらい、外側体重になりやすい

主に、脚で頑張り過ぎて体幹がうまく使えない人にお勧めです。

1 親指と他の指の付け根を、手で押さえながら近づける
（親指と中指のつながりを例にしています）

指の付け根が向かい合わせになるように近づけるのがポイントです。
指の付け根を近づけていくと、自然と指がつくので、その状態で次
のステップにいきます。

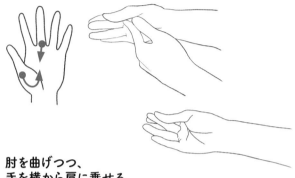

2 肘を曲げつつ、手を横から肩に乗せる

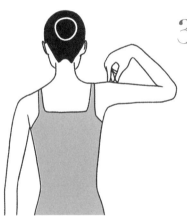

3 反対側の手で肘をもって、中心に寄せる

このとき、肘の動きにつられて肩
甲骨も回転します。

4 顔を横に曲げて、肘の前にくるようにしてから深呼吸（口から吐いて、鼻から吸う）

指はつけたままに

5 呼吸をしながら腕を上に伸ばす

呼吸をしながら腕を上に伸ばします。
肘をロックしたまま上に伸ばそうとすると、肩甲骨が動かないので腕を上に伸ばせません。動きが止まったところで一度呼吸をすることで、脇や肩甲骨が動いて、腕が上に伸ばせるようになります。

指はつけたままに

6 腕が上に伸びたら、手首を内側に回す

これで、肩甲骨・脇・肘の動きがスムーズになって、腕の動きと上半身が連動しやすくなります。

すべての指でリリースするのがおススメ

　指の連動リリースは、レッスン前に全部できれば理想的です。

・中指は、肩を下げたり、脇を立てたり背中を起こす、腹筋を使いやすくして反り腰を減らします。

・薬指や小指はバランスと関係します。薬指は頭の揺れを抑えることができますし、小指は足の親指に力が入りやすくなったり、内側重心になりやすくなります。

・人差し指は、アンオーするときの肩の動きがスムーズになったり、坐骨が安定してハムストリングスが伸びやすくなります。

　全部つながっていたほうが当然動きやすいので、なるべくなら、連動リリースは全部の指でやってもらったほうが効果的です。全部やっても1、2分です。

おすすめの順番

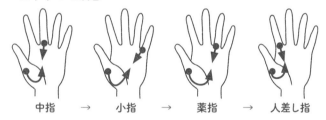

中指　→　小指　→　薬指　→　人差し指

　それでもどうしても全部はできないというときは、コスパの高い順番があります。

　中指、小指、薬指、人差し指。この順にコスパがいいです。

　解説でお伝えした順番もこの順番です。

　理由は、使える範囲の広さです。

　中指は、肩を下げたり、脇を立てたり背中を起こす、腹筋を使いやすくして反り腰を減らすので、ほぼどんなときでも使います。

　小指は重心を内側に寄せるので、内側の筋肉を使いたいときはどのタイミングでも使います。

　残りの2つは、＋αとして使いやすいでしょう。

バレエの手の形をキレイに保とう

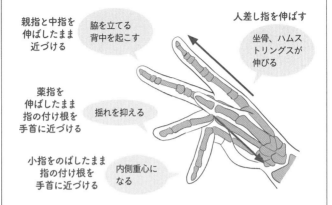

親指と中指を
伸ばしたまま
近づける

脇を立てる
背中を起こす

人差し指を伸ばす

坐骨、ハムス
トリングスが
伸びる

薬指を
伸ばしたまま
指の付け根を
手首に近づける

揺れを抑える

小指をのばしたまま
指の付け根を
手首に近づける

内側重心に
なる

バレエの手の形の意識で
「つながり」スイッチは入る

　バレエの手の形をキレイに保つことを意識するだけで、体の「つながり」スイッチは入りますから、そこから気を付けてみてください。

　人差し指を伸ばしておくと、坐骨が安定してハムストリングスが伸びやすくなります。

　親指と中指をそれぞれ伸ばしたまま近づけることによって、手のひらに力が入って、脇を立てたり背中を起こしやすくすることができます。

　薬指を伸ばしたまま、指の付け根を手首に近づけることで、ルルヴェしたときの揺れを抑えることができますし、小指のほうも同じようにすることで内側重心になりやすくなります。

　レッスン中にズレやすいのは小指が多いので、小指を気にするだけでもバランスは取りやすくなります。

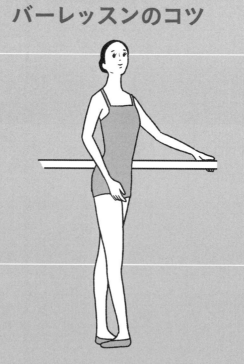

\「できない」を解消！/

「呼吸」と「体のつながり」を
意識した
バーレッスンのコツ

購入者
特典動画は
コチラ！

後編のバーレッスン解説
＆ポイントが全部入りの
豪華特典動画です。レッ
スンにお役立てください。

　一般的なバーレッスンの動きを分類すると、以下の表のよ
うに考えることができます。
　読み進めると、「土台をつくる」部分がすべての基礎にな
っていることがわかるでしょう。
　お悩み対策のチェックなどを活用しながら、改善点を明ら
かにして、日々のレッスンに活かしてください。

ページ	動き	目的
P62〜75	プリエ、カンブレ、ルルヴェ	土台をつくる
P76〜87	タンデュ、ジュテ、ロン・デ・ジャンブ	脚の動きと股関節の通り道
P88〜103	クドゥピエ、ルティレ、フォンデュ、ストゥニュ	難しい動きの前フリになる動き
P104〜117	バットマン・フラッペ、プティ・バットマン、バットマン・バッチュ	軸をつくる＆スピード
P118〜132	ロン・デ・ジャンブ・アン・レール、デヴェロッペ、グラン・バットマン	大きく動く

プリエ

プリエ＋ポール・ド・ブラの
連動で床を押せる体幹をつくる！

　プリエは、ひざを曲げてから戻す動きです。

　小さく曲げるドゥミ・プリエ、大きく曲げるグラン・プリエと
ありますが、すべての動きのベースになります。

　自分をバネにしてエネルギーを溜めることで、ピルエットの回
転力やジャンプ力、ジャンプの着地のクッションになったり、踊
りを滑らかにつないだりします。

　また、ここでしっかりとアキレス腱を伸ばしておくことで、か
かとの痛みや膝が曲がるのを防ぎます。

【ドゥミ・プリエ】　準備　片手をバーに乗せて、両方のかかと
をつけて1番ポジションで立ちます。

1 プレパラシオンから始めて、顔は前に

プレパラシオンは、踊り始める前の準備動作です。
脇の下にボールを挟むように腕を胴体から離して
下におろすアン・バーから、カゴを抱えるような
手の形（アン・ナヴァン）にして、腕を横に出す
ア・ラ・スゴンドにします。

👑 point

つま先だけ横に向けようとすると、ひざ
下をねじることになる。太ももの内側、
スネの内側の骨（脛骨）、土踏まずが一
直線のまま回すようにすると、股関節が
回しやすく、かかとも前に出しやすい

＊バレエ整体のコツには「王冠マーク」がついています。

2 プレパラシオンで体幹をキープしやすくしたら、ドゥミ・プリエ

ゆっくりとひざを左右外側に向かって開きながら、軽く曲げます。
このとき、背中が上下に伸ばされるかんじのままいくと、体がまっすぐのまましゃがみやすくなります。
そこから、ひざを伸ばしていくと、ゆっくり脚が閉じて１番ポジションに戻ります。

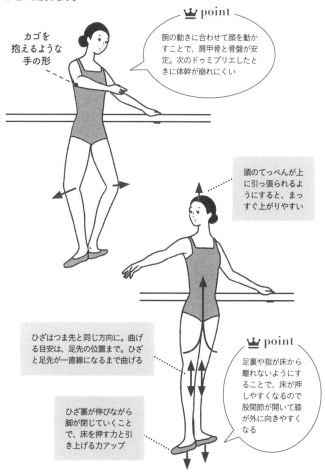

♛ point

腕の動きに合わせて顔を動かすことで、肩甲骨と骨盤が安定。次のドゥミプリエしたときに体幹が崩れにくい

カゴを
抱えるような
手の形

頭のてっぺんが上に引っ張られるようにすると、まっすぐ上がりやすい

ひざはつま先と同じ方向に。曲げる目安は、足先の位置まで。ひざと足先が一直線になるまで曲げる

♛ point

足裏や指が床から離れないようにすることで、床が押しやすくなるので股関節が開いて膝が外に向きやすくなる

ひざ裏が伸びながら脚が閉じていくことで、床を押す力と引き上げる力アップ

63

【グラン・プリエ】

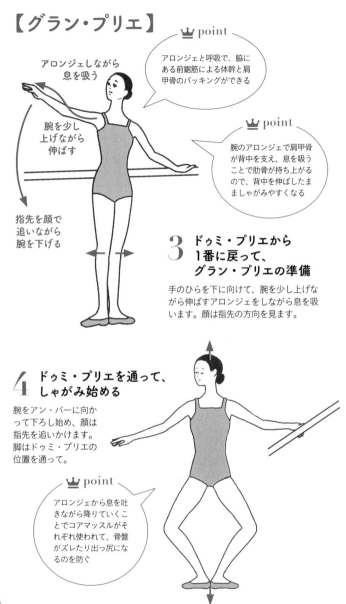

アロンジェしながら
息を吸う

腕を少し
上げながら
伸ばす

指先を顔で
追いながら
腕を下げる

👑 point

アロンジェと呼吸で、脇に
ある前鋸筋による体幹と肩
甲骨のパッキングができる

👑 point

腕のアロンジェで肩甲骨
が背中を支え、息を吸う
ことで肋骨が持ち上がる
ので、背中を伸ばしたま
ましゃがみやすくなる

3 ドゥミ・プリエから 1番に戻って、 グラン・プリエの準備

手のひらを下に向けて、腕を少し上げな
がら伸ばすアロンジェをしながら息を吸
います。顔は指先の方向を見ます。

4 ドゥミ・プリエを通って、 しゃがみ始める

腕をアン・バーに向か
って下ろし始め、顔は
指先を追いかけます。
脚はドゥミ・プリエの
位置を通って。

👑 point

アロンジェから息を吐
きながら降りていくこ
とでコアマッスルがそ
れぞれ使われて、骨盤
がズレたり出っ尻になる
のを防ぐ

5 グラン・プリエ

一番深いところまできたら、
止まらずにすぐ戻り始めます。

> ドゥミ・プリエで止まらずに、その
> ままひざを曲げ続けると、アキレス
> 腱がストレッチされ、伸びきったと
> ころでかかとが床から自然と離れる

6 ドゥミ・プリエを通って、上がり始める

♛ point

> 常に、体の中心が上下に伸ばされるイ
> メージを持ち、かかとを押し下げるよ
> うにすると、床から離れる指が少なく
> 股関節が開きやすくなる。お尻が出ず
> にバランスが保ちやすい

7 1番に戻る

腕をア・ラ・スゴンドに開きながら、
両ひざを閉じて1番ポジションに。

> ドゥミ・プリエとグラン・プリエは一連の腕の
> 動きに合わせることで、体の内側がストレッチ
> されて上下に伸びるので、バーに寄っ掛からず
> に体を持ち上げやすくなります。

プリエで悩んでいるときは？

NG
×

□ 足指は浮いていませんか？

プリエをするときは、床から離れる
指が少ないほど股関節が動きやすい。

□ 出っ尻や前肩になっていませんか？

しゃがんだり、ひざを伸ばして立ったりするときに、腕で体幹を
支えながらやらないと、膝が前に向いたり、前肩になったりお尻
が出てしまいます。

□ 肘が落ちたり、反り腰になっていませんか？

バーに添えた手の小指の腹がバーから浮かないこと。
押し付けるのとは違います。動いているときに、小指がバーから
浮かないほうが脇が締まって上体を引き上げやすくなります。
逆に体勢がきつくなると、バーに添えた手の小指が浮いてきます。
そうなると、肘が落ちて、お腹が開いて反り腰になりやすいので
注意。

□ つま先とひざの向きは合っていますか？

ひざはつま先と同じ方向に動くことで、スムーズに動きます。
つま先と膝の向きが合わない状態で、膝を横に開こうとすると、
重心が後ろにズレるので、お尻が出たり、ひざが内側に入ってく
る原因に。

手と一緒に動かすと内側が伸びて床が押せる！

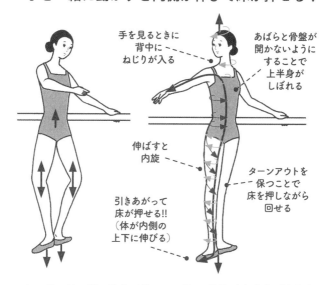

手を見るときに
背中に
ねじりが入る

あばらと骨盤が
開かないように
することで
上半身が
しぼれる

伸ばすと
内旋

ターンアウトを
保つことで
床を押しながら
回せる

引きあがって
床が押せる!!
（体が内側の
上下に伸びる）

　レッスンは、腕の動き（ポール・ド・ブラ）を加えながら行うことが多いと思います。

　なぜ、手を見ながら手足を一緒に動かすのか？

　最大の理由は、体の内側の筋肉をつなげることで使いやすくなるからです。

　たとえば、プリエでしゃがんだ位置からひざ裏を伸ばして立ち上がるとき、手を見ながら横に広げるときに背中をねじります。ここで、お腹が横に開きすぎたり、肩が後ろに開かないようにあばらや骨盤が閉じていることで上半身がしぼられるかんじになります。

　脚を伸ばすと、太ももは内側に回るのですが、上半身からつながるねじりと、ターンアウトを保つことで、らせんのような力が働くので、ドリルやネジ回しのように「押しながら回す」ことができます。

　このときに、体の内側が上下に伸ばされるので、引き上がって床が押せるようになるのです。

カンブレ

ブレない軸を育てる。
やりにくいポーズがあるときの
見直しポイント NO1！

カンブレは、上半身を弓なりに曲げる動作です。

上半身を前・横・後ろに曲げる動きに、腕の動き（ポール・ド・ブラ）がプラスされています。

ここで体幹と腕を合わせて動かすことで、バランスを取るときのグラグラを減らしたり、上げた脚をキープしやすくしたり、柔軟性のアップにつなげていきます。

カンブレは、たくさん曲がればいいというイメージを持っている人もいますが、形だけ真似てもあまり意味がありません。

前・横・後ろの３方向に曲げ伸ばされる軸がキモになります。**体幹が曲げられる分だけ、中心にある体軸がブレなくなっていきます。**

仕組みは、高層ビルの免震構造に似ています。

揺れても体の芯はブレないことで、脚を上げても体が崩れずにキープできます。背中の柔軟性だけではなく、股関節の可動域も増やしやすいのです。さらに、脚の高さを上げたり、スピードも上がっていきます。

基本的に、何かやりづらいポーズ、キープしづらい体勢があるなら、この**カンブレを見直すことで改善できる**ことが多いです。

【カンブレ前】

♛ point

アロンジェで息を吸うことで、肩甲骨が背中を支えて肋骨が持ち上がって体幹の上がブレにくくなり、背筋を伸ばしたまま体を前に倒しやすい

準備

バーに軽く手をのせ、第１ポジションで立ちます。腕は、ア・ラ・スゴンド。顔は横を向きます。
そこから手のひらを下に向けて、腕を少し上げて伸ばしながら（アロンジェ）息を吸います。

1 脚の付け根から折るように、背筋は伸ばしたまま上半身を前に傾ける

👑 point
体を前に曲げるとき、脚を前に上げるために必要な腹筋強化ができる

👑 point

息を吐き、手のひらを見ながら進むと体勢が崩れにくい。息を吐く量のコントロールで腹筋を使ってコルセットのように体幹をキープできる

👑 point

おへそが太ももの上のほうに近づくようにすると、腸腰筋が使われて、背筋を伸ばしたまま倒しやすい

上半身を90度くらい前に倒したところまでで息を吐き切る

背中を伸ばして腕を前へ

↓

結果としてひざを見る

👑 point

鼻から息を吸って起き上がると、肋骨越しに背中が持ち上がる。背中を反るときに必要な背筋の強化に

👑 point

腕をアン・オーにすることで脊柱起立筋が働いて背中が伸び、結果として顔がひざを向く

この動作はただの前屈ではなくて、アームスの動きと体幹の動きを組み合わせています！

69

【カンブレ横】

準備 バーに手を乗せて2番ポジションで立ちます。
腕は、ア・ラ・スゴンド。顔は横を向きます。
手のひらを下に向けて、腕を少し上げて伸ば
しながら（アロンジェ）息を吸う。
そこから腕をアン・オーに上げていきます。
顔は手先を見ながら動きに合わせて。

👑 point

顔をつけながら、腕
をアン・オーに上げ
ることで、体を横に
倒すときに、背骨を
動かしやすく、脇腹
がつぶれない

👑 point

手先を見上げることは、
背中を伸ばして体幹の
上部を安定させる

👑 point

アン・オーにするこ
とで、軸が中心によ
り、内ももと腹筋が
使いやすくなる

**アロンジェしながら
息を吸う**

1 状態を横に 曲げていきます

腕はアン・オーを保ったまま、
上体を横に曲げて上半身（体
側）を伸ばします。
ウエストラインがつぶれない
くらいに上体を倒します。

👑 point

顔をバーのほうに向け
ることで、背骨にスパ
イラルの力が加わって
強度が上がる。横揺れ
に強くなり、脚が横に
上がりやすくなる

👑 point

アン・オーを保ったまま上体を曲
げることで、背骨を使って曲げや
すい。この状態で息を吸うと、腕
を伸ばしている側の体側が伸び、
息を吐くと、バー側の横腹筋が働
いて上体を曲げやすい

👑 point

骨盤を平行にキープする
ことで、骨盤のブレを補
正する腰方形筋が使われ
る。パッセのときに骨盤
がズレにくくなる

【カンブレ後ろ】

準備 バーに手を乗せて4番ポジションで立ちます。
腕をアン・オーに上げます。

👑 **point**

アン・オーにすることで、肩甲骨が背中を押さえてくれるので、テコの支点のような役割になり、腰の上の背中を使って反りやすくなる

👑 **point**

アン・オーで軸が中心によるので内ももと腹筋が使いやすくなる

1 腰から上を伸ばしながら後ろに反る

左右の肩は水平を保ちます。
後ろに倒す前に、腕を少し前に戻すと同時に、一度息を吐いてから吸っておくと、体を後ろに倒すときに、背中の上部を使って曲げやすいです。

左右の肩は水平を保つ

👑 **point**

息を吐くコントロールで腹筋を使い、コルセットのように体幹をキープする。このとき使われる背中の多裂筋は、背骨をセパレートして反る動きを担当するので、背中の上で反りやすくなる

👑 **point**

腕を横に開きながら
上半身を起こす
↓
上半身にねじりが加わる
↓
起き上がるときに
腹筋が縮んで
背中が丸まるのを防ぐ

2 上半身を起こして、元に戻る

腕を横に開きながら最終的にア・ラ・スゴンドにしつつ、戻ります。手先を見ながら行います。

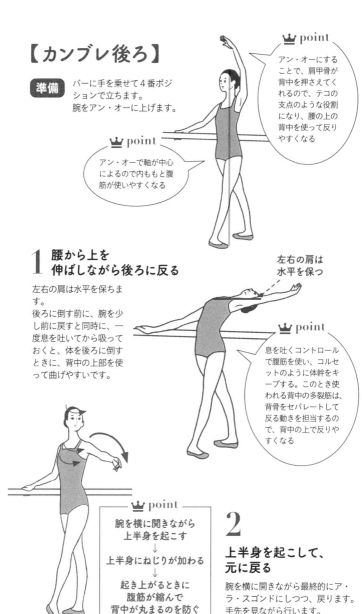

カンブレで悩んでいるときは？

☐ 背中の上のほうから丸まって 前屈していませんか？

ＮＧなパターンですが、いきなり深く前屈するところにもっていこうとすると、背中の上部が先に丸まるので、骨盤が傾けられず腸腰筋が使えません。結果的に、顔も床から遠くなり、お尻は後ろにズレやすくなります。

☐ 前屈を急いでいませんか？

骨盤のタイプによって、前屈が得意な方もいます。その場合も、いきなり深く前屈してしまうのはお勧めできません。ストレッチはできますが、腹筋を使わないので、後でフォンデュやグラン・バットマンなど、前に脚を上げるときに苦労します。

☐ 腰がズレたり、腰から動いていませんか？

カンブレは、腕の動きと呼吸や顔をつけることの連動で、体幹を使いやすくしています。

もう１つのポイントが脚の支えです。教室では、「腰から上を動かして」と注意を受けることが多いはずです。

でも、腰から上を動かすなら、肩甲骨と腕によるフォローと、脚の支えが不可欠なのです。

カンブレをするときはプリエとセットになっていることが多いです。つまり、腰から上が動きにくいなら、正しくプリエをして脚の支えをつくっておくことです。グラン・プリエのときに、①アロンジェしてから息を吸う、②かかとが一度床から離れますが、上がり始めたら、かかとを床に押し下げる、この２つを押さえておくだけでも、カンブレしたときの背中の動きが変わってきます。

ルルヴェ

足全体の強化。
細い軸で重心を取る練習

かかとを引き上げて、ア・テール（足裏を床につけた状態）からドゥミ・ポアントに上がる動作のこと。足首、甲、足指の強化につながり、ポアントで踊るために必要な要素です。

「プリエではずみをつけて一気に上がる場合」「そのままかかとを上げる場合」がありますが、今回は、前者のプリエとカンブレの後でバランスをとって中心軸を意識させるほうをお話しします。

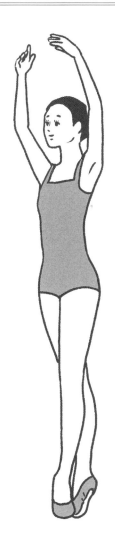

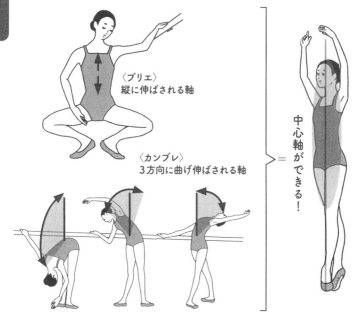

〈プリエ〉
縦に伸ばされる軸

〈カンブレ〉
3方向に曲げ伸ばされる軸

中心軸ができる！
＝

　両脚で体重を持ち上げるプリエと、体幹と腕を合わせて3方向に体幹を動かすカンブレが一通り終わると、中心に軸が作られているはずです。

　レッスンでよくみられるのは、5番のプリエとカンブレが一通り終わった後に、そこから腕をアン・オーにして、ひざを伸ばしたまま、かかとを引き上げて、足の指で立つルルヴェです。

　このとき、5番ポジションにするために集めた軸と、5番ポジションのカンブレで体幹を弓なりに動かしてまとめた軸がブレないように、中心の軸を意識しながら引き上げましょう。

　ルルヴェで立ったときは、アン・ドゥオールを保ち、ひざを緩めずしっかり伸ばします。

　カウントをとってから、ひざを伸ばしたまま下ります。

ルルヴェで悩んでいるときは？

□ アン・オーにするとき、
肩が上がっていませんか？

肩が上がる場合、肩甲骨と腕の動き、呼吸が噛み合っていないことが問題です。グランプリエでしゃがむ前や、カンブレで前に倒す前に行う、「アロンジェしてから息を吸うところ」を注意してもらうと、肩甲骨と脇をつなぐ前鋸筋が使われて、腕がスムーズに上げやすくなります。

また、横のカンブレで体を倒すときに、アン・オーをキープしながら倒すことを心がけることも、脇を上げやすくします。

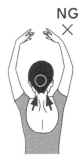

NG
×

肩（肩甲骨）が
上がってしまう

□ つま先立ちのとき、
足指が曲がっていませんか？

足指の問題は、アン・ドゥオールがほどけて、ひざが前を向いたり、足首が前に向いた状態になることで起こります。プリエのときに、「足指が床から離れないようにすることで股関節を開きやすくする」、グランプリエのときに、「アキレス腱が伸びてからかかとが床から離れる」部分や「かかとを床に押し下げる」部分を修正すると効果的です。

NG
×

足指が
曲がって
いる

□ 小指に体重が乗ったり（外側重心）、
バナナ足や鎌足になっていませんか？

外側重心は、体幹が横揺れに弱いサインです。上の項目に加え、横のカンブレで、体側を左右に伸ばすことで、横揺れが安定し、重心を内側に保ちやすくなります。

NG
×

小指重心
（外側重心）に
なっている

タンデュ

片脚での軸の強化。
足先まで使えるようにする
最も大切な動き

　タンデュは、片脚で立って、もう一方の脚をけり出す動作と、ひざを張って、足指を使う動作がプラスされています。脚を3方向に伸ばすことでカメラの三脚のように体を支えるだけでなく、片脚で立つときの軸の感覚を身につけたり、甲をつくる訓練にもなります。

　1番タンデュと5番タンデュの効果の最大の違いは、軸の強化です。5番ポジションに足を戻すとき、より中心軸が強化されます。

【5番タンデュ前】

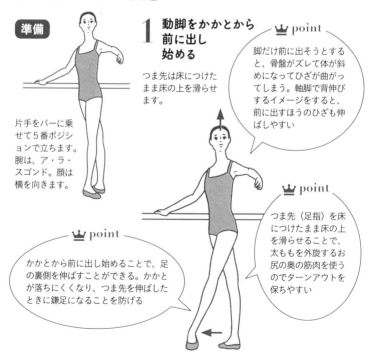

準備

片手をバーに乗せて5番ポジションで立ちます。腕は、ア・ラ・スゴンド。顔は横を向きます。

1　動脚をかかとから前に出し始める

つま先は床につけたまま床の上を滑らせます。

♛point

脚だけ前に出そうとすると、骨盤がズレて体が斜めになってひざが曲がってしまう。軸脚で背伸びするイメージをすると、前に出すほうのひざも伸ばしやすい

♛point

つま先（足指）を床につけたまま床の上を滑らせることで、太ももを外旋するお尻の奥の筋肉を使うのでターンアウトを保ちやすい

♛point

かかとから前に出し始めることで、足の裏側を伸ばすことができる。かかとが落ちにくくなり、つま先を伸ばしたときに鎌足になることを防げる

2 足の甲を伸ばして、つま先まで伸ばしきったところで止める

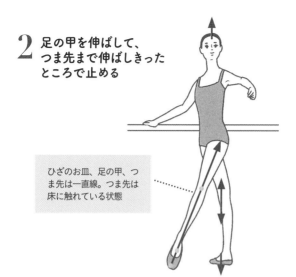

ひざのお皿、足の甲、つま先は一直線。つま先は床に触れている状態

3 つま先まで伸ばしきったら、動脚を5番に戻す

戻すときは、つま先から手前に引き寄せるように床の上を滑らせて、5番ポジションに戻します。

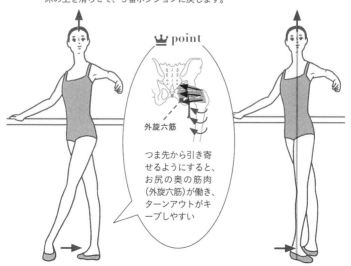

♛ point

外旋六筋

つま先から引き寄せるようにすると、お尻の奥の筋肉（外旋六筋）が働き、ターンアウトがキープしやすい

【5番タンデュ横】

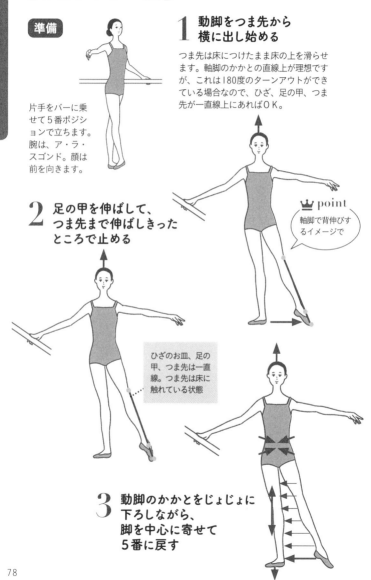

準備

片手をバーに乗せて5番ポジションで立ちます。腕は、ア・ラ・スゴンド。顔は前を向きます。

1 動脚をつま先から横に出し始める

つま先は床につけたまま床の上を滑らせます。軸脚のかかととの直線上が理想ですが、これは180度のターンアウトができている場合なので、ひざ、足の甲、つま先が一直線上にあればOK。

♛ point
軸脚で背伸びするイメージで

2 足の甲を伸ばして、つま先まで伸ばしきったところで止める

ひざのお皿、足の甲、つま先は一直線。つま先は床に触れている状態

3 動脚のかかとをじょじょに下ろしながら、脚を中心に寄せて5番に戻す

【5番タンデュ後ろ】

準備

片手をバーに乗せて5番ポジションで立ちます。腕は、ア・ラ・スゴンド。顔は横を向きます。

👑 point

肩と腰は前を向いているように。腸腰筋が伸びて、脚の内側も伸ばしやすくなる

1 動脚をつま先から後ろに出し始める

つま先は床につけたまま床の上を滑らせます。
無理に脚を後ろに伸ばそうとすると、脚が伸びない分をカバーするために、骨盤をズラしたり、上半身を斜めに開いてしまいます。そうなると、脚も外側にいくので斜め後ろにズレていってしまいます。

👑 point

脚を遠くに伸ばそうとすると、重心がズレて頭の位置が下がってしまうことも。頭の位置は下がらないように

ひざのお皿、足の甲、つま先は一直線。つま先は床に触れている状態

2 足の甲を伸ばして、つま先まで伸ばしきったところで止める

3 つま先まで伸ばしきったら、動脚を5番に戻す

戻すときは、かかとから手前に引き寄せるように床の上を滑らせて、軸脚の後ろに戻します。つま先から戻してしまうと、足が縦に向くようになってターンアウトがほどけます。

タンデュで悩んでいるときは？

☐ 出した足が鎌足になっていませんか？

つま先がきれいに伸びない、足が内側に入る鎌足を注意されるといった場合は、前タンデュの「かかとから前に出す」「つま先が床を擦るように伸ばす」を修正しましょう。さらに前に戻ってグランプリエするとき、「アキレス腱が伸びてからかかとが床から離れる」「かかとを床に押し下げる」という部分を修正すると効果的です。

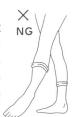

☐ 足はアーチを保って、キレイに甲が出ていますか？

足の甲を伸ばすのは、おそらく子どもの頃からやっていないとつかみにくい感覚です。経験者にうかがうと、足の中足骨という骨を動かすときに、甲の皮が伸ばされる感覚があるようです。
→P32「足の甲グーパー」をご覧ください。

☐ 脚を伸ばすときに骨盤がズレていませんか？

レッスンで「骨盤がズレてる」と、注意が飛んできているとしたら、無意識に重心をズラして脚を出しやすくしているサインです。これは骨盤を軸脚側に寄せると脚が横に出しやすくなるので、重心を横に逃している証拠。
軸脚を使って背伸びをしてください。頭が上に伸びるのに合わせて脚を伸ばすと、ひざが伸びたまま脚が出しやすいです。
出した脚のターンアウトが保てず、膝が前を向いてしまったり、足を軸脚の後ろに収めたとき（5番）に骨盤が斜めになる場合は、軸脚で背伸びをしながら、頭を上に引っ張る。もしくは、一度呼吸を挟んでから寄せるようにすると、腹筋と内ももを使って脚を寄せることができます。とくに、センターで体がグラグラするという人は、タンデュで伸ばした後の戻しを丁寧に行ってみましょう。

ジュテ

ジャンプで必要な内ももの強化。
揺れない体幹をつくる

ジュテは、タンデュを通って脚を投げるように上げて、元に戻す動きです。脚上げで関節が引っかからないようにしたり、脚を引き寄せる動きでジャンプに必要な内ももを強化します。

5番のタンデュに、脚上げをプラスしたかんじなので、先に5番のタンデュを見ておくと、動きの意味やチェックポイントが理解しやすいです。

【ジュテ前】

準備

バーに軽く手を乗せて、5番ポジションで立ちます。腕はア・ラ・スゴンド。顔は横を向きます。

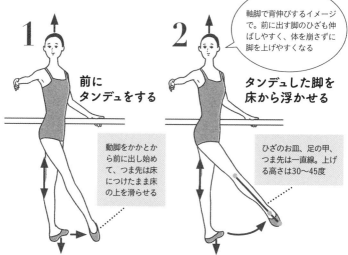

1 前にタンデュをする

動脚をかかとから前に出し始めて、つま先は床につけたまま床の上を滑らせる

♛ point

軸脚で背伸びするイメージで。前に出す脚のひざも伸ばしやすく、体を崩さずに脚を上げやすくなる

2 タンデュした脚を床から浮かせる

ひざのお皿、足の甲、つま先は一直線。上げる高さは30〜45度

3 もう一度タンデュの位置を通ってつま先から5番に戻す

【ジュテ横】

準備

片手をバーに乗せて5番ポジションで立って、腕は、ア・ラ・スゴンド。顔は前を向きます。

1 横にタンデュをする

動脚をかかとから横に出し始めて、つま先は床につけたまま床の上を滑らせます。

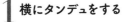

👑 point
軸脚で背伸びするイメージで

👑 point
上げる脚の骨盤は上がらない

ひざのお皿、足の甲、つま先は一直線。上げる高さは30〜45度

2 タンデュした脚を床から浮かせる

3 脚を上げたら、もう一度タンデュの位置を通って、5番に戻す

【ジュテ後ろ】

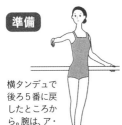

準備

横タンデュで後ろ5番に戻したところから。腕は、ア・ラ・スゴンド。顔は横を向きます。

1 後ろにタンデュをする

動脚をかかとから後ろに出し始めて、つま先は床につけたまま床の上を滑らせます。

👑 point
軸脚で背伸びするイメージで。ひざを伸ばしやすく、体勢を崩さずに脚を上げやすく、お尻や腰がつまらない

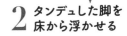

ひざのお皿、足の甲、つま先は一直線。上げる高さは30〜45度

2 タンデュした脚を床から浮かせる

3 もう一度タンデュの位置を通ってかかとから5番に戻す

ジュテで悩んでいるときは？

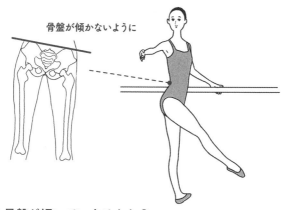

骨盤が傾かないように

□ 骨盤が傾いていませんか？

とくに横タンデュでお尻が上がりそうなときは、骨盤が傾いているサインです。ただ、持ち上がるお尻を意識して下げようとすると、ターンアウトがほどけて足が内側に回り鎌足になってしまうので、軸脚で背伸びをするイメージをしてみてください。骨盤がズレにくくなります。

□脚が上げにくい方向がありませんか？

脚が前に上げづらいなら、前のカンブレで腸腰筋と腹筋を順番にちゃんと使って動かす部分を。
脚が横に上げづらいなら、横のカンブレで、背骨を動かすことや横腹筋を使う部分を。
脚が後ろに上げづらいなら、後ろに倒すカンブレをそれぞれチェックしてみてください。
前・横・後ろいずれも、脚を上げようと頑張るよりは軸脚を背伸びするように使い、カンブレを見直したほうが脚をまっすぐ伸ばしたまま上げやすくなります。

ロン・デ・ジャンブ

ターンアウトを上達させる効果的な動き

ロン・デ・ジャンブは、動脚で床に半円を描く動き。股関節を起点にして脚を回すので、大腿骨頭がはまっている部分が動いて、股関節の周りの柔軟性を高めて、脚の可動域を広げてくれます。

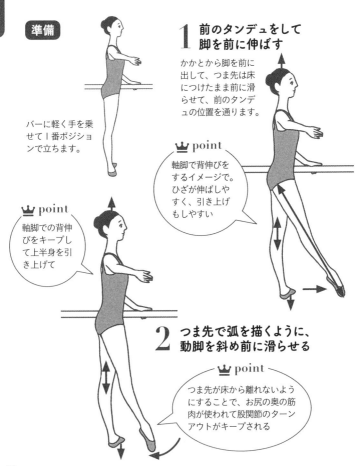

準備

バーに軽く手を乗せて1番ポジションで立ちます。

1 前のタンデュをして脚を前に伸ばす

かかとから脚を前に出して、つま先は床につけたまま前に滑らせて、前のタンデュの位置を通ります。

👑 point
軸脚で背伸びをするイメージで。ひざが伸ばしやすく、引き上げもしやすい

👑 point
軸脚での背伸びをキープして上半身を引き上げて

2 つま先で弧を描くように、動脚を斜め前に滑らせる

👑 point
つま先が床から離れないようにすることで、お尻の奥の筋肉が使われて股関節のターンアウトがキープされる

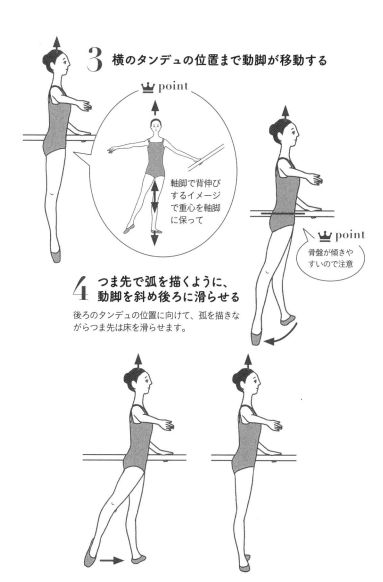

3 横のタンデュの位置まで動脚が移動する

👑point

軸脚で背伸び
するイメージ
で重心を軸脚
に保って

👑point
骨盤が傾きやすいので注意

4 つま先で弧を描くように、動脚を斜め後ろに滑らせる

後ろのタンデュの位置に向けて、弧を描きながらつま先は床を滑らせます。

5 後ろのタンデュの位置まで通ったら、かかとから手前に引き寄せて、1番ポジションに戻る

ロンデ・ジャンブで
悩んでいるときは？

....

□ 脚で弧を描いているとき、腰がブレていませんか？

とくに横から斜め後ろを通るときにやりがちですが、腰がブレたり、お尻が上がりやすいので注意が必要です。

動脚が伸びるように軸脚を保ち上半身をしっかりと引き上げましょう。

□ 脚を動かしているとき、
つまるかんじがありませんか？

股関節を動かす上で、重要なのは、円の形よりも指先で床を擦る動きです。つま先が床を滑る動きそのものが、お尻の奥の筋肉（外旋六筋）を使って股関節を回すことにつながります。

教室ではターンアウトを保つよう注意されると思いますが、脚を外に向けようとするあまり、骨盤をズラしたり、ひざ下をねじるくらいなら、指先がしっかりと床を擦ることを重視したほうが、後々ターンアウトをキープできるようになります。

□ 脚を回していると、お尻が開いたり、
体が開いたりしていませんか？

いろいろ注意してるのに、どうしてもお尻が動いちゃう場合は、タンデュをつなぐ方法がお勧めです。

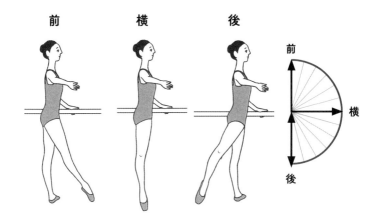

前　　　　横　　　　後

前
横
後

ロン・デ・ジャンブでは、前・横・後ろ、それぞれのタンデュの
位置を通って半円を描きます。

これを分解すると、タンデュを全方向に伸ばしているようなもの
です。なので、いろいろな角度のタンデュをつなげていけば、結
果として半円を描くことになります。

つまり、お尻が動いてしまう位置の方向、よくわからなければ、
あえて斜め45度、30度などさまざまな角度のタンデュをしておく
ことで、円を描くときにお尻が動かなくなります。自主練してみ
てください。

シュル・ル・ク・ドゥ・ピエ とルティレ

股間節の通り道をつくる。脚全体のターンアウトのキープにも最適

シュル・ル・ク・ドゥ・ピエは、軸脚の足首に、動脚のつま先やかかとが触れている状態のことで、レッスンではクドゥピエといわれることが多いです（以下クドゥピエ）。この後のフォンデュやデヴェロッペの前フリになって、ターンアウトで脚全体を回したり、鎌足を防ぐ訓練にもなります。

バットマン・ルティレは動脚のつま先を軸脚のひざにつけて、三角形をつくる動きです。動脚のつま先を軸脚の後ろ側に通過させる動きをパッセといいます。ルティレのポジションにすることがパッセのイメージの方も多いと思いますので、ここでは区別せずにお話します。

クドゥピエはフォンデュやバットマンフラッペ、ルティレはデヴェロッペなどで脚を伸ばすときに使います。なので、ここで関節の通り道を通っておくことで、いざ脚を上げるときに股関節がつまらずに脚を伸ばしやすくなります。

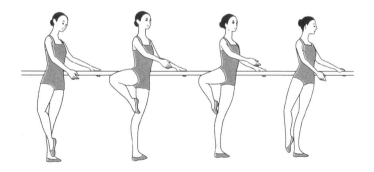

【クドゥピエ前】

動脚のつま先が軸脚の
足首の前に触れるようにする

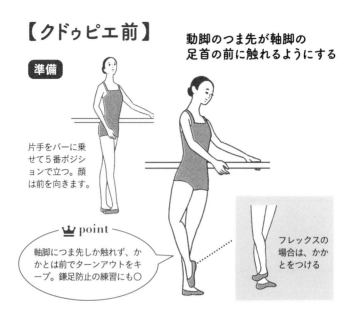

準備

片手をバーに乗
せて5番ポジシ
ョンで立つ。顔
は前を向きます。

♛ point

軸脚につま先しか触れず、か
かとは前でターンアウトをキ
ープ。鎌足防止の練習にも○

フレックスの
場合は、かか
とをつける

【クドゥピエ後ろ】

動脚のかかとが軸脚の
足首の後ろに触れるようにする

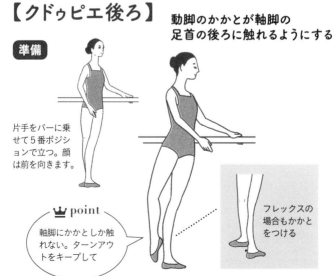

準備

片手をバーに乗
せて5番ポジシ
ョンで立つ。顔
は前を向きます。

♛ point

軸脚にかかとしか触
れない。ターンアウ
トをキープして

フレックスの
場合もかかと
をつける

【ルティレ】

準備

片手をバーに乗せて5番ポジションで立つ。顔は前を向きます。

1 前のクドゥピエにして、動脚のつま先が軸脚の足首の前に触れるようにする

つま先は軸脚の足首の前

2 足のつま先を軸脚に沿わせて、ひざまで上げる

👑 point
脚につられて骨盤が持ち上がらないように注意

つま先を軸脚に沿わせて

3

つま先を軸脚に沿わせて

動脚のつま先を軸脚の後ろ側に通過させる（パッセ）

4

後ろのクドゥピエはかかとつける

動脚のつま先を軸脚に沿わせて下ろし、後ろのクドゥピエを通る

5

つま先から床に下ろして、軸脚の後ろに収める

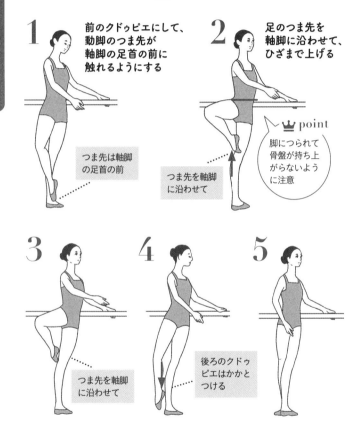

クドゥピエとルティレで
悩んでいるときは？

□ ターンアウトがほどけて
ひざが前を向いていませんか？

クドゥピエやルティレで悩みになりやすいのは、動脚のターンアウトのキープです。クドゥピエとルティレは、ターンアウトの訓練になる動きなので、こんなストレッチで自主練してみてください。

【 クドゥピエのフレックスを使ったストレッチ 】

クドゥピエのフレックスから、5番ポジションにすると、お尻の奥の筋肉を使いながら股関節を回して脚を伸ばすストレッチになります。ターンアウトで脚全体を回したり、鎌足を防ぐ訓練になるうえ、フォンデュで脚を伸ばすのがラクになるので、あれこれ意識することを減らせます。

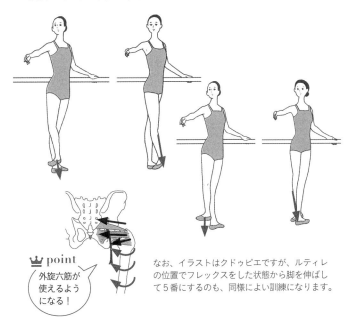

👑 point
外旋六筋が
使えるように
なる！

なお、イラストはクドゥピエですが、ルティレの位置でフレックスをした状態から脚を伸ばして5番にするのも、同様によい訓練になります。

フォンデュ

バレエらしい滑らかな
動きの習得。体の各部分の
コーディネイトが大切

　フォンデュは、片脚でプリエしながら両ひざを曲げた後に、動脚を上げながら両ひざを伸ばす動き。プリエをいろいろな方向でコントロールすることで、さまざまな方向に跳んだ後に次の動作に移るのをスムーズにしたり、パとパのつなぎを滑らかにします。

【フォンデュ前】

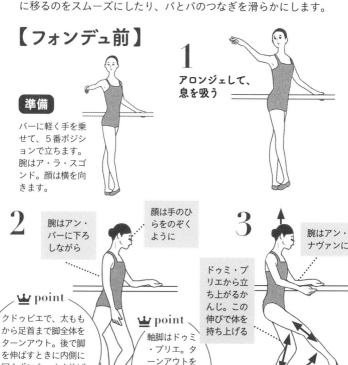

準備

バーに軽く手を乗せて、5番ポジションで立ちます。腕はア・ラ・スゴンド。顔は横を向きます。

1

アロンジェして、
息を吸う

2

腕はアン・バーに下ろしながら

顔は手のひらをのぞくように

👑point
クドゥピエで、太ももから足首まで脚全体をターンアウト。後で脚を伸ばすときに内側に回らずにまっすぐ伸ばすための前フリに

👑point
軸脚はドゥミ・プリエ。ターンアウトをキープ。脚を伸ばすためのエネルギーを溜める

動脚をかかとから上げ始め、クドゥピエでつま先を軸脚の足首につけるのと同時に、軸脚はドゥミ・プリエ

3

腕はアン・ナヴァンに

ドゥミ・プリエから立ち上がるかんじ。この伸びで体を持ち上げる

45度

両脚を少しずつ伸ばしながら、前45度の高さに動脚を上げ始める

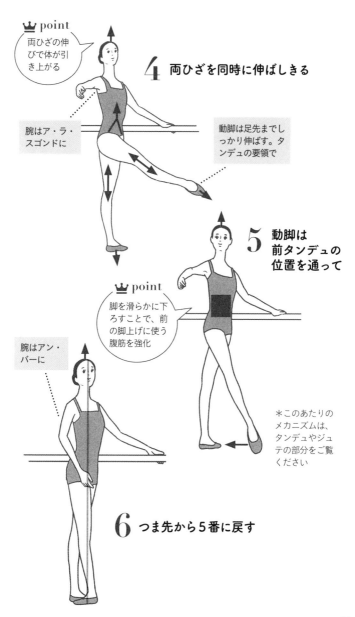

両ひざの伸びで体が引き上がる

4 両ひざを同時に伸ばしきる

腕はア・ラ・スゴンドに

動脚は足先までしっかり伸ばす。タンデュの要領で

5 動脚は前タンデュの位置を通って

point

脚を滑らかに下ろすことで、前の脚上げに使う腹筋を強化

腕はアン・バーに

＊このあたりのメカニズムは、タンデュやジュテの部分をご覧ください

6 つま先から5番に戻す

93

【フォンデュ横】

準備 顔は前に向ける。腕はアン・バー。

1

顔は手のひらをのぞくように

👑 point
クドゥピエで、太ももから足首まで脚全体をターンアウト。

👑 point
軸脚はドゥミ・プリエ。こちらもターンアウトをキープ

動脚をかかとから上げ始め、クドゥピエでつま先を軸脚の足首につけるのと同時に、軸脚はドゥミ・プリエ

2

腕はアン・ナヴァンに上げながら

45度

ドゥミ・プリエから立ち上がるかんじ。この伸びで体を持ち上げる

両脚を少しずつ伸ばしながら、横45度の高さに動脚を上げ始める

3

👑 point
腕の動きで肩甲骨を動かして胸郭が安定する

腕はア・ラ・スゴンドに開きながら

👑 point
両ひざの伸びで体が引き上がる

動脚は足先までしっかり伸ばすタンデュの要領で

両ひざを同時に伸ばしきる

4

👑 point
脚を滑らかに下ろすことで、横の脚上げに使う腹筋を強化

👑 point
タンデュの位置から引き寄せることで、内ももと軸を強化

動脚は横タンデュの位置を通って

5 腕はアン・バーに下ろし、5番に戻す

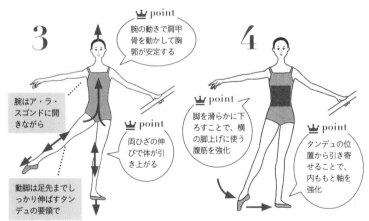

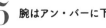

【フォンデュ後ろ】

準備 顔は前に向ける。腕はアン・バー。

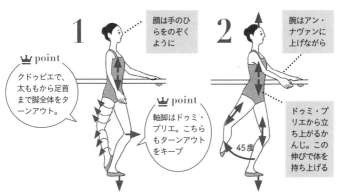

1

顔は手のひらをのぞくように

point
クドゥピエで、太ももから足首まで脚全体をターンアウト。

point
軸脚はドゥミ・プリエ。こちらもターンアウトをキープ

動脚をかかとから上げ始め、後ろのクドゥピエでかかとを軸脚の足首につけるのと同時に、軸脚はドゥミ・プリエ

2

腕はアン・ナヴァンに上げながら

ドゥミ・プリエから立ち上がるかんじ。この伸びで体を持ち上げる

45度

両脚を少しずつ伸ばしながら、後ろ45度の高さに動脚を上げ始める

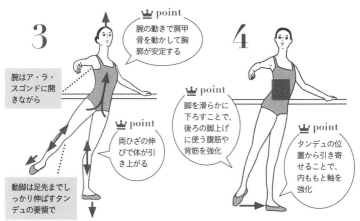

3

point
腕の動きで肩甲骨を動かして胸郭が安定する

腕はア・ラ・スゴンドに開きながら

point
両ひざの伸びで体が引き上がる

動脚は足先までしっかり伸ばすタンデュの要領で

両ひざを同時に伸ばしきる

4

point
脚を滑らかに下ろすことで、後ろの脚上げに使う腹筋や背筋を強化

point
タンデュの位置から引き寄せることで、内ももと軸を強化

動脚は後ろタンデュの位置を通って

5 腕はアン・バーに下ろし、かかとから5番に戻す

フォンデュで悩んでいるときは？

□伸ばした脚が鎌足になっていませんか？

フォンデュは、プリエ、クドゥピエ、タンデュの組み合わせです。股関節がひっかかるとか、脚を伸ばしてるときに鎌足になるというときは、この3つを見直すと改善していきます。

とくにひざの伸ばし始めは、プリエから立ち上がるときと同じなので、プリエでしゃがんでから立ち上がる部分を見直すと、滑らかに脚を伸ばしやすくなります。

脚を伸ばすときに、お尻がズレたり前ももに力が入る場合は、カンブレで体幹を強化。ロン・デ・ジャンプの最後でお話した苦手な方向のタンデュをする（P87）ことで防ぎやすくなります。

□脚を上げたとき、骨盤がズレていませんか？

とくに横のフォンデュでやりがちですが、腰がブレたり、お尻が上がりやすいので注意が必要です。ロン・デ・ジャンプで説明しましたが、軸脚を保ち上半身をしっかりと引き上げることが大事です。腕の動きを注意することで、背中から引き上げることも大事です。

👑 **point**

後半にでてくるものは、前半できちんと前フリがあります。何かやりづらい動きがあったときは、その前フリを直していくほうが、結果的にコントロールできる部分も増えます。

難しい動きの前フリになる動き

ストゥニュ・アン・トゥールナン

スムーズな重心移動や細く高い軸を保った回転の訓練

伸ばした脚を引き寄せる力と軸脚のプリエを利用した回転の訓練になります。踊っているときは、回転しながら移動するときにも使われます。

腕はア・ラ・スゴンドに

ここのタンデュと軸脚のプリエで、回転できる量が7割決まる！

👑 point
タンデュは脚の付け根から伸ばすようにすると、回転の途中で止まりにくい

👑 point
腕はア・ラ・スゴンドからアン・ナヴァンに閉じるとき、白鳥が羽ばたくように、二の腕→手首の順番で閉じると、脇がしまって上半身が安定する

1 横タンデュをして 脚を横に伸ばす
タンデュを伸ばす方向はレッスンによって変わります。ここでは横で解説します

どちらの回転も、前にある脚に体重をかけて

2 脚を引き寄せて 両足5番にしつつ、ルルヴェ
この引き寄せるときの動きで、回る勢いが決まります。軸脚のプリエからルルヴェに引き上がった分だけ回りやすくなります。

回る方向
アン・ドゥダン…伸ばした脚を前5番にクロス、バーに向かって回転

回る方向
アン・ドゥオール…伸ばした脚を後ろの5番にクロス、バーとは反対に回転

【アン・ドゥダンで半回転】

体重を前にかけて、バーに向かって半回転ターン。

1

👑 point

二の腕→手首の順番で閉じると、脇がしまって上半身が安定する

アン・ナヴァンの形をキープすることで、回る方向側の腕では肩甲骨の下が背中を押して回転しやすい。反対側の腕は、逆に上半身が崩れないようにストッパーの役割をしてくれる（大回りにならない）

引き寄せた脚は5番ポジションに合わせる

2

3

最後は5番ポジション。両脚の関係は始めと反対に

着地のときは両脚に均等に体重をかける

【アン・ドゥオールで半回転】

体重を前にかけて、バーと反対に向かって半回転ターン。

1

♛ point

アン・ナヴァンの形をキープすることで、回る方向側の腕では肩甲骨の下が背中を押して回転しやすい。反対側の腕は、逆に上半身が崩れないようにストッパーの役割をしてくれる（大回りにならない）

二の腕→手首の順番で閉じると、脇がしまって上半身が安定する

引き寄せた脚は5番ポジションに合わせる

2

最後は5番ポジション。両脚の関係は始めと反対に

3

着地のときは両脚に均等に体重をかける

【アン・ドゥダンで１回転】

体重を前にかけて、バーに向かって１回転ターン。１回転のときは、
もう片方の足を５番に合わせる動きが半回転のときよりも重要になります。

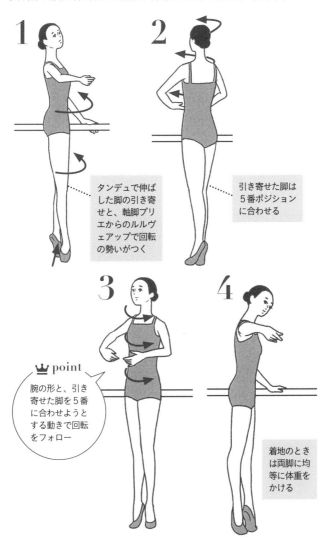

タンデュで伸ばした脚の引き寄せと、軸脚プリエからのルルヴェアップで回転の勢いがつく

引き寄せた脚は５番ポジションに合わせる

👑 point

腕の形と、引き寄せた脚を５番に合わせようとする動きで回転をフォロー

着地のときは両脚に均等に体重をかける

【アン・ドゥオールで1回転】

体重を前にかけて、バーと反対に向かって1回転ターン。1回転のときは、もう片方の足を5番に合わせる動きが半回転のときよりも重要になります。

1

タンデュで伸ばした脚の引き寄せと、軸脚プリエからのルルヴェアップで回転の勢いがつく

2

引き寄せた脚は5番ポジションに合わせる

3

♛ point

腕の形と、引き寄せた脚を5番に合わせようとする動きで回転をフォロー

4

着地のときは両脚に均等に体重をかける

【アン・ドゥオールで１回転＋
　ドゥバンで終わる】

踊るときの移動でストゥニュを使う場合、軸脚プリエとタンデュが次の回転の準備になることが多いので、アン・ドゥオールで１回転してドゥバンで終了するパターンもあります。この場合は、回転してから着地するとき、脚を直接タンデュへ伸ばして軸脚プリエします。注意事項は、１回転と同じです。

ストゥニュで悩んでいるときは？

□ 勢いだけで回転しようとしていませんか？

勢いで回転しようとしても、その後、センターで踊るときには使えません。回転のしやすさを決めるポイントは３つ。

１つ目は、準備で行うタンデュと軸脚のプリエです。ここで回転量が決まるので、タンデュするときに太ももが固まっていたり、甲が伸びていなかったりすると、脚を引き寄せるときに回転するエネルギーが足りなくなります。

ここでのタンデュはフォンデュで脚を伸ばすときの要領で、脚の付け根から伸ばすつもりでやると股関節も動いて、脚を引き寄せたときの回転力につながります。

2つ目は、脚を引き寄せながらルルヴェする部分です。

脚を引き寄せるときに回る勢いが決まります。軸脚のプリエからルルヴェに引き上がった分だけ回りやすくなります。

目標を5番でルルヴェした段階で上半身が45度進んでいるくらいにするとよいです。

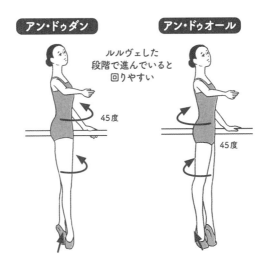

アン・ドゥダン　アン・ドゥオール

ルルヴェした
段階で進んでいると
回りやすい

45度

45度

脚だけで引き寄せようとせず、反対のお腹がおへそ（中心）に近づくイメージも合わせると、内ももの筋肉が使いやすいです。この動きは、5番タンデュやジュテで伸ばした脚を引き寄せる動きなので、そこを修正するとよいでしょう。骨盤を平行に保つことも大事です。

慣れるまでは、半回転で、ルルヴェから降りずに、引き寄せた脚を5番に合わせる自主練をしてみてください。

3つ目は、半回転で説明したように（P98、99）、腕の動き、アン・ナヴァンで回転をフォローするところを見直してみましょう。

バットマン・フラッペ

早くシャープに動かす動脚の動きに負けない
軸脚や体幹をつくる

バットマン・フラッペは、クドゥピエのフレックスから、脚を前・横・後ろに出し、太ももから足先まで素早く伸ばす動き。勢いよく床を擦るので、お尻の奥の筋肉を使う強度を上げて、勢いよく脚を伸ばしてもターンアウトをキープする訓練になります。

【フラッペ前】

準備

片手をバーに乗せて5番ポジションで立つ。腕は、ア・ラ・スゴンド。顔は前を向いて、脚は横タンデュの位置に。

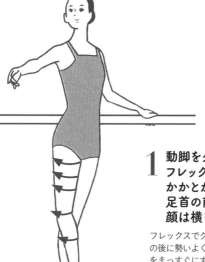

1 動脚をクドゥピエのフレックスに。かかとが軸脚の足首の前に触れるように。顔は横を向く

フレックスでクドゥピエするのは、この後に勢いよく脚を伸ばしたとき、脚をまっすぐにする前フリ。ターンアウトがほどけたり鎌足になるのを防ぐ狙いがあります。

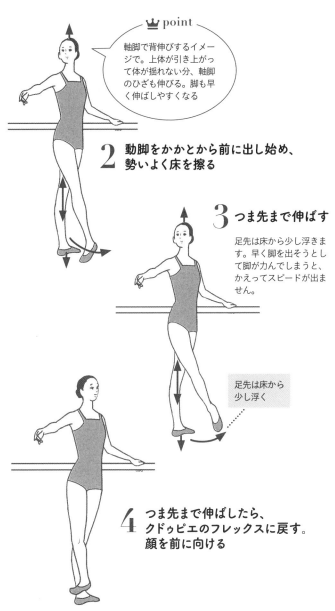

👑 point

軸脚で背伸びするイメージで。上体が引き上がって体が揺れない分、軸脚のひざも伸びる。脚も早く伸ばしやすくなる

2 動脚をかかとから前に出し始め、勢いよく床を擦る

3 つま先まで伸ばす

足先は床から少し浮きます。早く脚を出そうとして脚が力んでしまうと、かえってスピードが出ません。

足先は床から少し浮く

4 つま先まで伸ばしたら、クドゥピエのフレックスに戻す。顔を前に向ける

【フラッペ横】

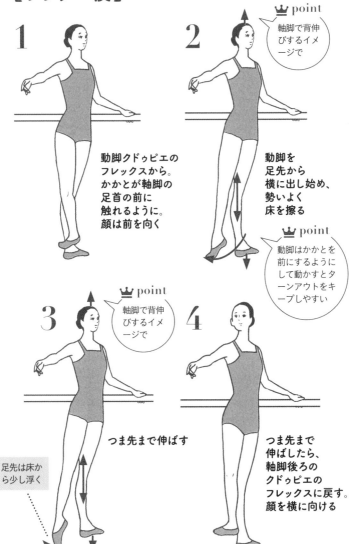

軸をつくる&スピード

1

動脚クドゥピエの
フレックスから。
かかとが軸脚の
足首の前に
触れるように。
顔は前を向く

2

♛ point

軸脚で背伸
びするイメ
ージで

動脚を
足先から
横に出し始め、
勢いよく
床を擦る

♛ point

動脚はかかとを
前にするように
して動かすとタ
ーンアウトをキ
ープしやすい

3

♛ point

軸脚で背伸
びするイメ
ージで

つま先まで伸ばす

足先は床か
ら少し浮く

4

つま先まで
伸ばしたら、
軸脚後ろの
クドゥピエの
フレックスに戻す。
顔を横に向ける

【フラッペ後ろ】

1

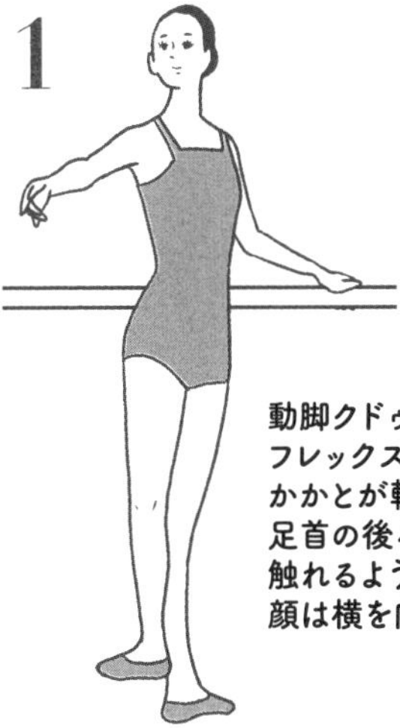

動脚クドゥピエの
フレックスから。
かかとが軸脚の
足首の後ろに
触れるように。
顔は横を向く

2

👑 point

軸脚で背伸
びするイメ
ージで

動脚を
足先から
後ろに出し始め、
勢いよく
床を擦る

👑 point

動脚はかかとを
前にするように
して動かすとタ
ーンアウトをキ
ープしやすい

3

👑 point

軸脚で背伸
びするイメ
ージで

足先は床か
ら少し浮く

つま先まで伸ばす

4

つま先まで
伸ばしたら、
軸脚後ろの
クドゥピエの
フレックスに
戻す

バットマン・フラッペで
悩んでいるときは？

～問題の原因は不安定と不通～

はじめにお伝えしたいのは、フラッペの悩みは、ほぼスピードと
姿勢の維持に関係しているということです。

原因は、「片脚で脚を伸ばす力に上半身が負けている」ことと、「関
節の通り道をつくれていない部分が引っかかっている」ことです。
ここまでのバーレッスンの動きの組み合わせでフラッペをするの
で、できていない部分は、ここでいきなり意識してもほぼ直せま
せん。次回のレッスンでリカバリーするくらいのほうが上達が早
まります。

□ 脚を伸ばしたときグラグラしていませんか？

片脚で脚を伸ばしたときのグラグラについては、プリエとカンブ
レのセットでベースを見直しを。

タンデュ、ジュテ、ロン・デ・ジャンブで片脚でのバランスや股
関節の通り道を鍛えられます。伸ばした脚のターンアウトを保つ
ならそこにクドゥピエで脚全体のターンアウトや鎌足防止の訓練
をしましょう。グラグラと同時に起こりやすい、骨盤のズレ、軸
脚の膝が曲がる、ターンアウトがほどけて鎌足になる、ことも防
げます。

□ スピード不足。早く動かそうとして、
太ももや指に変な力が入っていませんか？

スピードを上げるなら、上記の「グラグラ」対策にプラスして、
フォンデュで両ひざを伸ばす部分を訓練することで、
フラッペしたときの問題を解消しやすくなります。

プティ・バットマン

細やかな足捌きが必要なアレグロなど、
小さなジャンプの練習に

　軸を強化して、いろいろな動きでブレない芯をつくるプティ・バットマンは、前と後ろのクドゥピエを行ったり来たり振り子のように動かす動きです。

　最初は、動脚の動きに振り回されてふらつきますが、軸脚を強くすることで、体がグラグラせずに早く行ったり来たりしやすくなります。ターンアウトのキープや、ひざ下の筋力アップにもつながります。

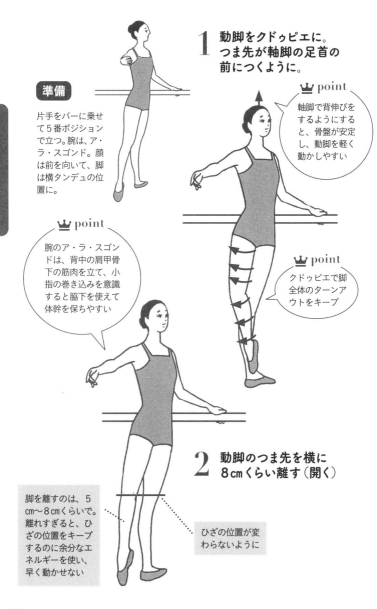

1 動脚をクドゥピエに。
つま先が軸脚の足首の
前につくように。

👑 point

軸脚で背伸びを
するようにする
と、骨盤が安定
し、動脚を軽く
動かしやすい

準備

片手をバーに乗せ
て5番ポジション
で立つ。腕は、ア・
ラ・スゴンド。顔
は前を向いて、脚
は横タンデュの位
置に。

👑 point

腕のア・ラ・スゴン
ドは、背中の肩甲骨
下の筋肉を立て、小
指の巻き込みを意識
すると脇下を使えて
体幹を保ちやすい

👑 point

クドゥピエで脚
全体のターンア
ウトをキープ

2 動脚のつま先を横に
8cmくらい離す（開く）

脚を離すのは、5
cm〜8cmくらいで。
離れすぎると、ひ
ざの位置をキープ
するのに余分なエ
ネルギーを使い、
早く動かせない

ひざの位置が変
わらないように

軸をつくる&スピード

110

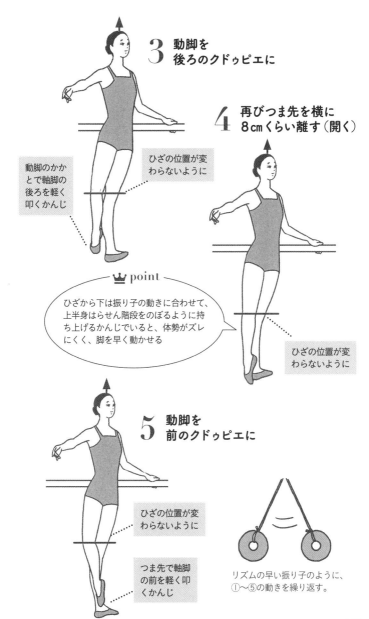

3 動脚を後ろのクドゥピエに

動脚のかかとで軸脚の後ろを軽く叩くかんじ

ひざの位置が変わらないように

4 再びつま先を横に8cmくらい離す（開く）

ひざの位置が変わらないように

👑 point

ひざから下は振り子の動きに合わせて、上半身はらせん階段をのぼるように持ち上げるかんじでいると、体勢がズレにくく、脚を早く動かせる

5 動脚を前のクドゥピエに

ひざの位置が変わらないように

つま先で軸脚の前を軽く叩くかんじ

リズムの早い振り子のように、①〜⑤の動きを繰り返す。

プティ・バットマンで
悩んでいるときは？

☐ ターンアウトがほどけていませんか？

プティ・バットマンをするときに、ターンアウトが足りないと、前のクドゥピエでかかとがついたり、後ろのクドゥピエでつま先がついたりします。

「前はつま先、後ろはかかと」を意識することでターンアウトをキープする訓練になります。

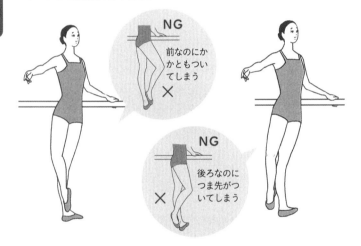

NG
前なのにかかともついてしまう
×

NG
後ろなのにつま先がついてしまう
×

☐ 脚を交互に動かすたびに、
上半身も揺れていませんか？

支えになる胴体が動くとスピードは出ません。箸や鉛筆を持っているときに肩や肘がグラグラ動いていたら、満足にものをつかんだり、書いたりできないのと同じです。スピードを上げたいなら、脚を早くしようとするより、揺れに対して強い軸をつくることです。

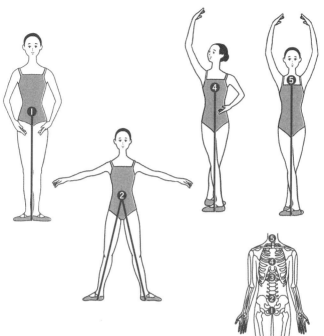

ヒントになるのは足のポジションです。

バレエの足のポジションは、その番手ごとに、股関節を動かしやすくするポイントが背骨にあります。そのポイントが安定していることで、各ポジションにしやすくなります。

これを利用して、プティ・バットマンに必要な軸を強化することができます。

体を弓なりに動かすカンブレです。

２番ポジションでのカンブレは、腰椎にアプローチするので、骨盤のズレを防いで股関節が動かしやすくなります。

４番や５番でのカンブレは、胸椎にアプローチするので、脚を交互に動かすスピードを上げるのに役立ちます。

バットマン・バッチュ

優美な動きで軸や内ももを強化。踊るときのつなぎの訓練に

バッチュは、ドゥミまたはポアントで立って、もう片方の脚で軸足を小刻みに叩く動き。

前のバッチュでは、内ももの筋肉を使って動脚の膝下を動かすので、内ももの筋肉が鍛えられて、踊るときにパとパのつなぎが手際よくなります。

後ろのバッチュでは、ターンアウトのキープにお尻の奥の筋肉をずっと使うので、お尻の奥の筋肉が鍛えられます。

軸や内もも、お尻の奥の筋肉を強化して、素早く動くための芯をつくります。

【バッチュ前】

準備

（右足前5番スタートの場合）エファセ（前）で、タンデュをしてから軸脚をドゥミ・プリエに。

エファセ…体を正面から斜め45度に向けること

腕はアン・ナヴァン。顔は手のひらをのぞきこむように

タンデュは、前もしくは横に。先生の振りに従って

軸脚はドゥミ・プリエ

軸脚でルルヴェをすると同時に、動脚のつま先を伸ばして軸脚の足首の後ろに引き寄せる。ひざから下だけを前後に動かし、くるぶしの下をつま先で打ちつける

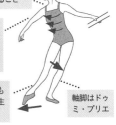

👑 point

軸脚で背伸びをするイメージで。骨盤が安定し、動脚を軽く動かしやすい

動脚のひざは後ろと横に力強く引く

ひざ下を少し開いては閉じて…を繰り返す

くるぶしの下をつま先で小刻みに叩くように

軸脚はドゥミ・ポアントにロールアップ（トゥシューズのときはポアント）

動脚はクドゥピエ。かかとは前に

【バッチュ後ろ】

準備

（左足前5番スタートの場合）エファセ（後ろ）で、タンデュをしてから軸脚をドゥミ・プリエに。

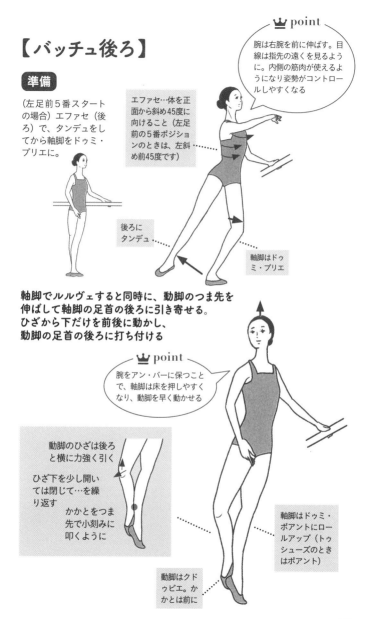

エファセ…体を正面から斜め45度に向けること（左足前の5番ポジションのときは、左斜め前45度です）

後ろにタンデュ

軸脚はドゥミ・プリエ

軸脚でルルヴェすると同時に、動脚のつま先を伸ばして軸脚の足首の後ろに引き寄せる。ひざから下だけを前後に動かし、動脚の足首の後ろに打ち付ける

👑 point

腕をアン・バーに保つことで、軸脚は床を押しやすくなり、動脚を早く動かせる

動脚のひざは後ろと横に力強く引く

ひざ下を少し開いては閉じて…を繰り返す

かかとをつま先で小刻みに叩くように

軸脚はドゥミ・ポアントにロールアップ（トゥシューズのときはポアント）

動脚はクドゥピエ。かかとは前に

バットマン・バッチュで
悩んでいるときは？

☐ 動脚の脚の高さが上下していませんか？

ここまでのバーレッスンの動きで、関節の通り道や動かし方を準備しておくことで、意識ができるようになります。

ポイントになる動きは2つあります。

1つは、バッチュにくるまでに何度かクドゥピエの位置に脚をもっていくシーンがあると思います。そこで関節の通り道を作っておくこと。

もう1つは、プティ・バットマンのときに、ひざ下の動きでクドゥピエの入れ替えをする動きを丁寧にやっておくことです。また、足の甲を伸ばす運動をしておくと、足が軽くなってコントロールしやすいです。（P91「クドゥピエのフレックスを使ったストレッチ」）

☐ 片脚ルルヴェでグラグラしていませんか？

軸脚を小刻みに叩くので、軸が強くないと体勢が保てません。この対策も、ここまでの動きで決まります。

ふくらはぎがきついなら、フォンデュでの軸脚プリエで体を持ち上げるところやルルヴェを参照ください。

脚を動かすときにお尻が動いてしまうなら、ロン・デ・ジャンブで、つま先で円を描くときに軸脚側の骨盤を手で固定しながら行うと、ズレる分を減らしていけます。

☐ スピードを出すために、
　動脚を固めて使っていませんか？

小刻みに叩くときのスピードが出ないなら、動脚を速く動かそうと頑張るよりも、カンブレで軸の強化を行ったほうがスピードアップに効果的です。

とくに前カンブレがポイントです。女性の場合、骨盤の関係上、

腸腰筋や腹筋を使わずに前屈できてしまう方が多いので、ここで腹筋や内転筋に関係する骨盤の安定力を鍛え切れてないケースが多いためです。

ひざ下の動きに関しては、プティ・バットマンやこの後に出てくるロン・デ・ジャンブ・アン・レールの動きを丁寧に行うことで上手になっていきます。

□ ひざが前を向いていませんか？

ひざが前を向いていると、ももを動かさず、ひざ下だけでコントロールする動きはできません。ポイントとして、「つながり」を意識してみましょう。

ひざを後ろと横に引くときは、手の小指を伸ばしたまま付け根を巻き込むようにすると、手の小指と足の親指の連動が活かされて、動きがやりやすくなります。

（P52「親指と小指」のつながり参照）

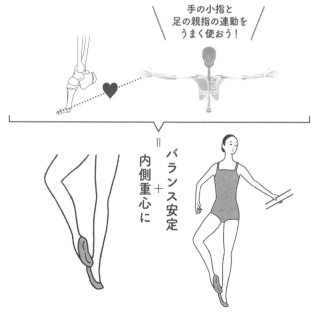

手の小指と
足の親指の連動を
うまく使おう！

＝
バランス安定
＋
内側重心に

ロン・デ・ジャンブ・アン・レール

脚力をつける筋トレ。フェッテのような回転技の基礎練にも

ロン・デ・ジャンブ・アン・レールは、上げた脚の高さをキープしたまま、ひざから下だけを回す動きです。もも裏や、体をまっすぐにキープするための体幹強化になります。

というのも、上げた脚の高さをキープするために骨盤の固定が必要ですし、そこからひざ下を回すときにかかる遠心力に負けないように腹筋や背筋、脇の筋肉の支えが必要で、さらにひざを伸ばしたときのもも裏のストレッチや強化も行うからです。もも裏の強化は、パッセ（ルティレ）のキープにも使えます。

準備

バーに軽く手を乗せて、5番ポジションで立ちます。腕はアン・バー。顔は横を向きます。

＊脚の高さは、30度、45度、90度といくつかバリエーションがあります。今回は、30度もしくは45度のお話しです

1 腕をアン・バー、アン・ナヴァン、ア・ラ・スゴンドへ開くと同時に、動脚を横タンデュ

体幹安定

👑point
腕の動きで肩甲骨を動かして脇が崩れないように胸郭を固定できる

👑point
軸脚で背伸びするイメージで。軸が安定し、脚が動かしやすい

脚を横に伸ばすことで、骨盤の上が少し閉じて腹筋が使いやすくなる

2 ジュテの要領で脚を横に上げる

ジュテで股関節の通り道をつくっておかないと、脚を上げたときに引っかかって前ももに余計な力が入ります。

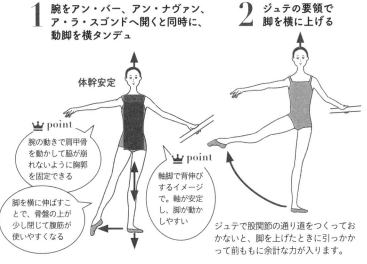

118

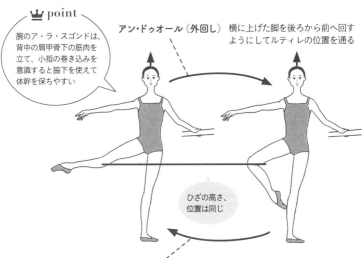

3 ひざから下で楕円形の半円を描くように、動脚の膝を曲げて、つま先を軸脚のふくらはぎにつける

👑 point

腕のア・ラ・スゴンドは、背中の肩甲骨下の筋肉を立て、小指の巻き込みを意識すると脇下を使えて体幹を保ちやすい

アン・ドゥオール（外回し） 横に上げた脚を後ろから前へ回すようにしてルティレの位置を通る

ひざの高さ、位置は同じ

アン・ドゥダン（内回し） 横に上げた脚を前から後ろへ回すようにしてルティレの位置を通る

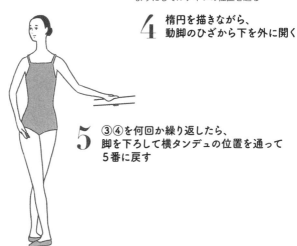

4 楕円を描きながら、動脚のひざから下を外に開く

5 ③④を何回か繰り返したら、脚を下ろして横タンデュの位置を通って5番に戻す

ロン・デ・ジャンブ・アン・レールで
悩んでいるときは？

□ひざやお尻がズレていませんか？

動脚で半円を描くときに膝やお尻がズレてしまったり、軸脚がキープしきれない場合は、カンブレ、タンデュ、ジュテ、ロン・デ・ジャンブのどこかで、関節の動きを省略しているサインです。

片脚立ちで軸が保てないなら、カンブレやロン・デ・ジャンブ。

脚を上げるのが大変なら、ジュテ。

ひざがうまく伸びないなら、タンデュとジュテ。

脚を高く上げたいなら、バットマン・ルルヴェ・ランが役に立ちます。バットマン・ルルヴェ・ランは、バットマン・タンデュから脚を上げていき、90度以上脚が上がるようにする動きです。

それぞれ見直してみてください。

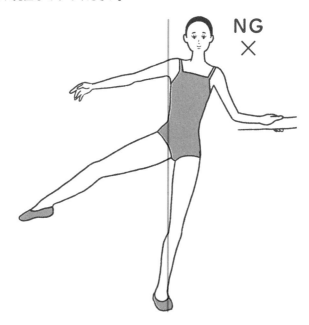

NG
×

デヴェロッペ

柔軟性と筋力で全身をコントロールする優雅な動き

　バットマン・デヴェロッペは、クドゥピエからルティレを通って、前・横・後ろに脚を伸ばす動きです。

　脚を3方向に伸ばすのに耐えられるようにストレッチしながら足腰を強化することで、脚上げの体勢を保つベースになります。

　脚を上げるときは、お尻が一緒に上がらないように意識して、上体の引き上げをキープします。

【デヴェロッペ前】

準備 バーに軽く手を乗せて、5番ポジションで立ちます。腕はアン・バー。顔は横を向きます。

1

腕はアン・バーからアン・ナヴァン

動脚のつま先が軸脚の足首の前に触れるようにして、クドゥピエの位置を通る

2

骨盤が持ち上がらないように

動脚のつま先を軸脚に沿わせて、ひざまで上げてルティレの位置を通る

👑 point
脚全体をターンアウト。クドゥピエからルティレに。つま先が軸脚を通ることでターンアウトが強化される

3

👑 point
アン・オー…肩甲骨を使って背中を支える＋腹筋と内ももの筋肉が働く＝引き上げしやすい

腕はアン・ナヴァンからアン・オー

ルティレの位置からひざをさらに高くしつつ前にもってくる

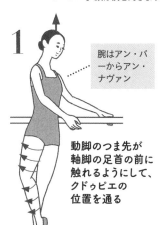

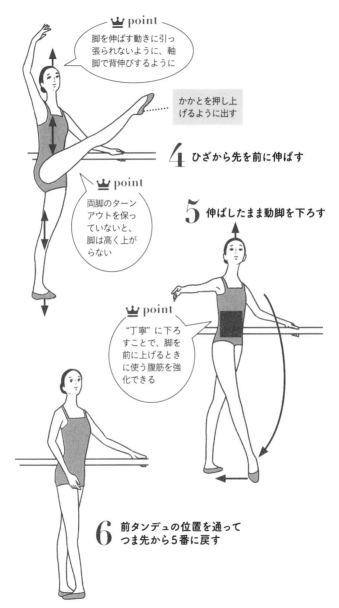

👑 point
脚を伸ばす動きに引っ張られないように、軸脚で背伸びするように

かかとを押し上げるように出す

4 ひざから先を前に伸ばす

5 伸ばしたまま動脚を下ろす

👑 point
両脚のターンアウトを保っていないと、脚は高く上がらない

👑 point
"丁寧"に下ろすことで、脚を前に上げるときに使う腹筋を強化できる

6 前タンデュの位置を通ってつま先から5番に戻す

【デヴェロッペ横】

準備 バーに軽く手を乗せて、5番ポジションで立ちます。腕はアン・バー。顔は前を向きます。

大きく動く

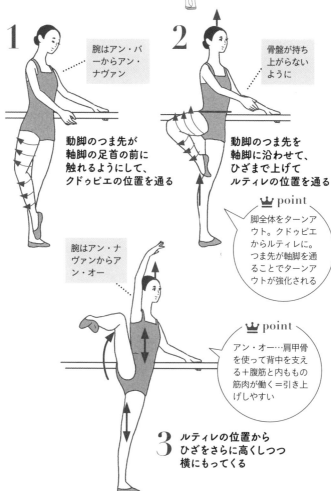

1

腕はアン・バーからアン・ナヴァン

動脚のつま先が軸脚の足首の前に触れるようにして、クドゥピエの位置を通る

2

骨盤が持ち上がらないように

動脚のつま先を軸脚に沿わせて、ひざまで上げてルティレの位置を通る

👑 point
脚全体をターンアウト。クドゥピエからルティレに。つま先が軸脚を通ることでターンアウトが強化される

👑 point
アン・オー…肩甲骨を使って背中を支える＋腹筋と内ももの筋肉が働く＝引き上げやすい

腕はアン・ナヴァンからアン・オー

3 ルティレの位置からひざをさらに高くしつつ横にもってくる

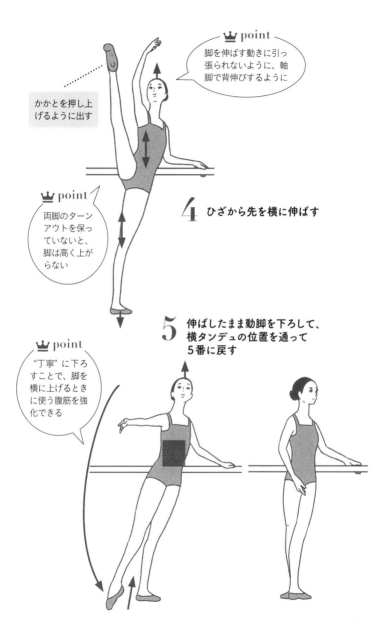

【デヴェロッペ後ろ】

準備 バーに軽く手を乗せて、5番ポジションで立ちます。腕はアン・バー。顔は横を向きます。

 大きく動く

1

腕はアン・バーからアン・ナヴァン

動脚のかかとが軸脚の足首の後ろに触れるようにして、クドゥピエの位置を通る

2

骨盤が持ち上がらないように

動脚のかかとを軸脚に沿わせて、ひざまで上げてルティレの位置を通る

👑 **point**

脚全体をターンアウト。クドゥピエからルティレに。つま先が軸脚を通ることでターンアウトが強化される

👑 **point**

軸脚で背伸びをするように

3

ルティレの位置からひざの高さを変えず、後ろに動脚を上げる

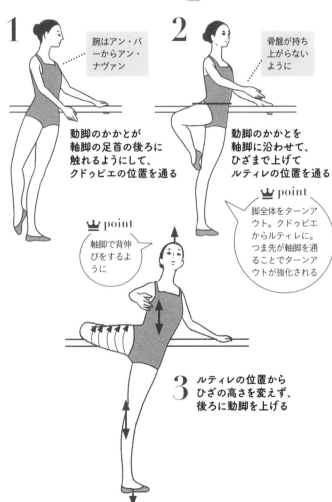

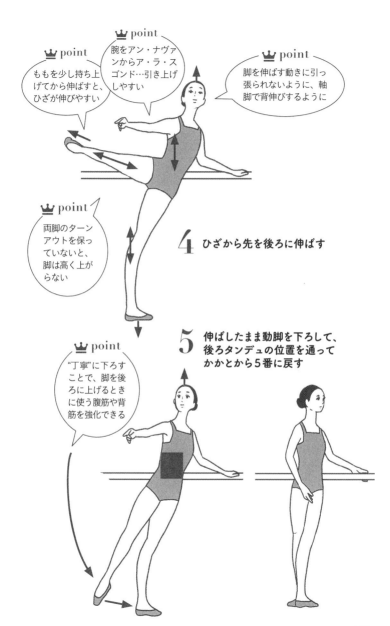

👑 point
ももを少し持ち上げてから伸ばすと、ひざが伸びやすい

👑 point
腕をアン・ナヴァンからア・ラ・スゴンド…引き上げしやすい

👑 point
脚を伸ばす動きに引っ張られないように、軸脚で背伸びするように

👑 point
両脚のターンアウトを保っていないと、脚は高く上がらない

4 ひざから先を後ろに伸ばす

👑 point
"丁寧" に下ろすことで、脚を後ろに上げるときに使う腹筋や背筋を強化できる

5 伸ばしたまま動脚を下ろして、後ろタンデュの位置を通ってかかとから5番に戻す

デヴェロッペで
悩んでいるときは？

☐ 無理な脚上げをしていませんか？

デヴェロッペで脚を上げたくても、無理な脚上
げはできません。股関節が引っかかって、前も
もの外側が固まります。

NG ✕

上げた脚に対して体が崩れるなら、カンブレ、
ロン・デ・ジャンブやアン・レールを。
脚を上げるときに、お尻や股関節がひっかかるかんじがあるなら、
クドゥピエからルティレを訓練しましょう（P91）。
ルティレからひざを高くする動きは、グラン・プリエで深くしゃ
がむときの股関節の動きの応用なので、グラン・プリエでまっす
ぐ下りたり立ち上がったりする部分を見直すと動かしやすくなり
ます。脚の高さを上げていく場合はジュテやルルヴェ・ラン、グ
ラン・バットマンでしっかりと股関節の通り道をつくっておくと、
脚を上げられる範囲を育てていけます。

NG  ✕

☐ 脚を後ろに上げるときに、
　　膝が下がっていませんか？

クドゥピエからルティレのときに、脚全体のター
ンアウトがキープできていれば、腕の動きや
軸脚の背伸びを利用することで膝の高さを変え
ずに後ろに脚を伸ばすことができます。
また、脚を伸ばす力に上半身が耐えきれないと、
体が前に倒れるか、伸ばした脚が下がっていきます。

・後ろのカンブレで、後ろに脚を伸ばすときに使う背中の反りを。
・クドゥピエのフレックスから５番に戻すストレッチ（P91）で、
骨盤と股関節の動きを。
・フォンデュで両ひざを伸ばす動きで脚を伸ばすときの引き上げ
を。この３点で、引っ掛かりを改善しましょう。

大きく動く

グラン・バットマン

上げた脚の高さに見合った体幹コントロールと
スピードを養う

　グラン・バットマンは、大きく脚を振り上げる動きです。ここ
で鍛えたスピードとコントロールする力は、グラン・ジュッテな
ど、フロアから脚を勢いよく擦り出すときに使います。

【グラン・バットマン前】

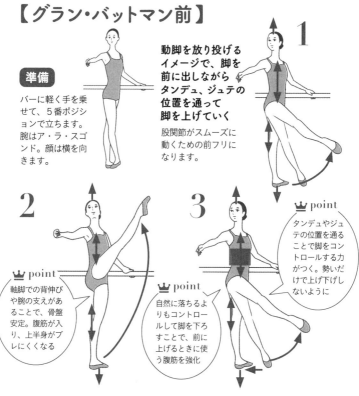

準備

バーに軽く手を乗せて、5番ポジションで立ちます。腕はア・ラ・スゴンド。顔は横を向きます。

1

動脚を放り投げるイメージで、脚を前に出しながらタンデュ、ジュテの位置を通って脚を上げていく

股関節がスムーズに動くための前フリになります。

2

👑 **point**

軸脚での背伸びや腕の支えがあることで、骨盤安定。腹筋が入り、上半身がブレにくくなる

勢いのまま一気に振り上げる。目標は90度以上

3

👑 **point**

自然に落ちるよりもコントロールして脚を下ろすことで、前に上げるときに使う腹筋を強化

👑 **point**

タンデュやジュテの位置を通ることで脚をコントロールする力がつく。勢いだけで上げ下げしないように

上げた脚は、コントロールしながら丁寧に下ろし、5番に戻す

【グラン・バットマン横】

準備 バーに軽く手を乗せて、5番ポジションで立ちます。腕はア・ラ・スゴンド。顔は前を向きます。

大きく動く

1

動脚を放り投げる
イメージで、脚を横に
出しながらタンデュ、
ジュテの位置を通って
脚を上げていく

股関節がスムーズに
動くための前フリに
なります。

2

👑 point
軸脚での背伸び
や腕の支えがあ
ることで、骨盤
安定。腹筋が入
り、上半身がブ
レにくくなる

勢いのまま一気に
振り上げる。
目標は90度以上

👑 point
自然に落ちるよ
りもコントロー
ルして脚を下ろ
すことで、横に
上げるときに使
う腹筋を強化

3

上げた脚は、
コントロールしながら
丁寧に下ろし、
5番に戻す

ジュテ、タンデュ
の位置を通る

130

【グラン・バットマン後ろ】

準備 バーに軽く手を乗せて、5番ポジションで立ちます（横に上げた脚を後ろに収めた場合）。腕はア・ラ・スゴンド。顔は横を向きます。

1

腕はア・ラ・スゴンド

動脚を放り投げるイメージで、脚を後ろに出しながらタンデュ、ジュテの位置を通って脚を上げていく

股関節がスムーズに動くための前フリになります。

2

勢いのまま一気に振り上げる。目標は90度以上

👑 point
軸脚での背伸びや腕の支えがあることで、骨盤安定。腹筋が入り、上半身がブレにくくなる

👑 point
自然に落ちるよりもコントロールして脚を下ろすことで、後ろに上げるときに使う腹筋や背筋を強化

3 上げた脚は、コントロールしながら丁寧に下ろし、5番に戻す

ジュテ、タンデュの位置を通る

グラン・バットマンで
悩んでいるときは？

□ 脚を高く上げようとして、
　体勢が崩れていませんか？

グラン・バットマンをやりやすくするには、カンブレやタンデュ、ジュテが鍵になります。

脚を高く上げるなら、タンデュやジュテで関節の通り道をつくっておく必要があります。このとき省略された分だけ、股関節が引っかかって脚の付け根が固まりますので、途中で脚が止まります。体幹が支えられないと骨盤がズレるので、股関節が引っかかって脚が上がりません。脚が動き始めるまで上半身は動かないのが理想です。

90度より上に脚を上げるのに使うのは体幹の筋肉なので、脚上げしてもつられない体幹を、カンブレで育てていくことで、結果的に脚上げできる範囲も増えていきます。

たとえば、呼吸や顔の向き、腕の動きがきちんとできているカンブレをしていれば、バーレッスンを7回くらい挟むと脚上げで使うところの筋肉に違いが出てきます。

また、高さよりもスピード、コントロールを重視したほうが踊りでは使えます。脚を上げようと頑張るよりは、上げた脚を下ろすときに早く下ろして、丁寧に着地、5番に戻す意識を持ったほうが、脚上げに必要な筋肉を強化しやすいです。

NG
×

バーレッスン チェックポイント一覧表

バーレッスンの役割やチェックポイントを、役割のユニット別でまとめてみました。

まず、プリエ、カンブレ、ルルヴェで大元の土台をつくって、タンデュやジュテ、ロン・デ・ジャンブで、脚の動きを使って股関節の通り道や軸をつくります。

次に、クドゥピエやフォンデュ、ストゥニュでこの後で難しい動きをするときの前フリをして、フラッペやプティ・バットマン、バッチュといったスピードのある動きで軸がブレないように強化します。

それらでつくった体を元に、アンレールやデヴェロッペ、グラン・バットマンで体を大きく動かしていくという順番です。

前半で省略されてしまった分だけ、後半で動きが硬くなり可動域も狭くなってしまうので、やりづらい動きがあったら、どこを修正していくとラクなのか、この表を使って探してみてください。

〇土台をつくる動き

動き	役割／踊りの どのシーンで使うか	注意される ポイント	対策 (見直すとよい動き)
プリエ	・ジャンプ (跳ぶ・着地) ・ピルエットなどの 回転量	・内ももを張れない ・ひざが外に 向かない	・手の動きで 上半身を支える ・足指が浮かない ・かかとを 押し下げる
カンブレ	・スピードUP ・体幹の柔軟性UP ・骨盤のズレを 抑える ・軸・バランスを 育てる ・脚上げ	・体が硬くて 曲がらない	・指や腕を 伸ばしてから 息を吸う ・動くときは息を吐く ・動きが止まったら 息を吸う
ルルヴェ	・足首、甲、 ・足指の強化 ・軸の意識を育てる	・肩が上がる	・カンブレや グランプリエの 前に脇を伸ばして から息を吸う
		・足指が曲がる	・タンデュで 甲を育てる
		・鎌足・外側体重に なる	・グランプリエで かかとを押し下げる ・横カンブレ

○脚の動きと股関節の通り道

動き	役割／踊りの どのシーンで使うか	注意される ポイント	対策 （見直すとよい動き）
タンデュ	・片脚で立つときの 軸の感覚を 身に付ける ・甲をつくる訓練	・骨盤がズレる	・軸脚で背伸び ・一度呼吸を挟む
		・後ろに出すとき、 脚が外にズレる	・肩と腰は前にキープ
ジュテ	・脚上げで関節が 引っ掛からない ようにする ・アッサンブレや ジャンプに必要な 内ももも強化	・脚が上がらない ・ひざが曲がる ・骨盤（お尻）が ズレる	・軸脚で背伸び ・脚の高さはカンブレ
ロン・デ・ ジャンブ	・股関節周りの 柔軟性UP ・脚の可動域を 広げる	・ターンアウトを 保てない	・形より床を 擦るほうを重視
		・お尻がズレる	・いろいろな方向へ タンデュをする

○難しい動きの前フリになる動き

動き	役割／踊りの どのシーンで使うか	注意される ポイント	対策 （見直すとよい動き）
クドゥピエ とルティレ	・フォンデュや デヴェロッペの前 ・ターンアウトで 脚全体を回したり、 鎌足を防ぐ訓練	・足をつける 位置がズレる	・後ろはかかとを 意識すると前に つま先がつきやすい
		・パッセの位置が キープできない	・脚の通り道を通る プリエ+カンブレ
フォンデュ	・プリエを いろいろな方向で コントロール することで、 パとパのつなぎを 滑らかに	・脚を伸ばすと 鎌足に	・プリエ+クドゥピエ +タンデュ
		・お尻がズレる ・前ももに力が入る	・カンブレ、 ロン・デ・ジャンブ
ストゥニュ	・伸ばした脚を 引き寄せる力と 軸脚プリエを 利用して回転の やり方を訓練する	・回転が足りない ・バーによりかかる	・バランスはルルヴェ ・準備はフォンデュ ・脚の引き寄せはジュテ ・回転中はもう片方の 脚を5番に

○軸をつくる&スピード

動き	役割／踊りの どのシーンで使うか	注意される ポイント	対策 （見直すとよい動き）
フラッペ	・お尻の奥の筋力UP ・勢いよく脚を 伸ばしても ターンアウトを ほどかない訓練	・片脚で ぐらぐらする	・プリエ+カンブレ／ タンデュ+ジュテ +ロン・デ・ジャンプ
		・脚を伸ばすと鎌足に	・クドゥピエとルティレ
		・スピードが出ない	・片脚ぐらぐら対策 +フォンデュ
プティ・ バットマン	・軸を強化する （いろいろな 動きでブレない 芯をつくる）	・脚をつく位置が ズレる	・ゆっくりでいいので前は つま先、後はかかとにつける
		・スピードが出ない	・4番、5番でのカンブレ
		・骨盤がズレる	・2番の横カンブレ
バットマン ・バッチュ	・軸や内もも・ お尻の奥の筋肉を 強化して 素早く動くための 芯をつくる	・脚の高さがズレる	・クドゥピエの 通り道をつくっておく ・ゆっくりプティ・バットマン
		・スピードが出ない	・カンブレ+甲を伸ばす

○大きく動く

動き	役割／踊りの どのシーンで使うか	注意される ポイント	対策 （見直すとよい動き）
ロン・デ・ ジャンプ・ アン・ レール	・もも裏や体を まっすぐに キープするための 体幹を強化する	・動かす脚で 軸が保てない	・カンブレ、ロン・デ・ジャンプ
		・脚を上げるのが大変	・ジュテ
		・ひざが伸ばせない	・タンデュ、ジュテ、フォンデュ
デヴェ ロッペ	・（脚を3方向に 伸ばすのに 耐えられるように ストレッチしながら） 足腰を強化、 脚上げの体勢を 保つベース	・上げた脚で 体が崩れる	・カンブレ、ロン・デ・ ジャンプ+アンレール
		・お尻や股関節が 引っ掛かる	・クドゥピエ、ルティレ
		・ひざが上がらない	・グランプリエ
		・脚の高さが低い	・ジュテ、グラン・バットマン
グラン・ バットマン	・脚上げの スピードと コントロール力を 鍛える	・脚の高さが低い	・脚上げにつられない ・体幹をカンブレで育てる ・タンデュ、ジュテで 通り道をつくる ・脚の上げ下ろしを 遠く伸ばしてコントロール

島田智史 (しまだ さとし)

東京都港区三田にある鍼灸院「専心良治」院長。 整形外科で3年勤務後、2010年治療院開院。 開院後に施術した人数は約24,500人 (2020年まで)。 バレエに有効な体の使い方、調整に定評がある。 訪れるクライアントは、日本全国のみならず海外からにも及ぶ。著書に『バレエ整体ハンドブック』、『バレエ筋肉ハンドブック』(ともに東洋出版) などがある。

専心良治 住所　東京都港区三田5-6-8 ナカムラビル3階
ホームページ　https://www.senshinryochi.com/
ブログ「バレエダンサーさんの治療院」　https://balletdancersenshin.net/
You Tubeチャンネル　https://www.youtube.com/channel/UCi0SnChv06KjxJyfglYAlBw

●購入者特典動画はコチラ！●
専心良治の YouTube チャンネルでは公開されていない、ここだけの豪華特典動画です。後編のバーレッスン解説＆ポイントがたっぷり全部入り！ レッスンにぜひお役立てください。

あなたの「できない」を解消(かいしょう)する！

バーレッスンハンドブック

発行日	2021年12月3日　第1刷　発行
	2024年7月23日　第2刷　発行
著者	**島田智史**(しまだ さとし)
編集	林美穂
デザイン	中山詳子
イラスト	関根美有
発行者	田辺修三
発行所	東洋出版株式会社
	〒112-0014 東京都文京区関口1-23-6
	電話 03-5261-1004(代)　振替 00110-2-175030
	http://www.toyo-shuppan.com/
担当	秋元麻希
印刷	日本ハイコム株式会社(担当：前田武彦)
製本	ダンクセキ株式会社